智库 中社 地方智库报告
Local Think Tank

山东省政务公开现状评估与发展对策（2022）

李敏 戚元华 李刚 著

中国社会科学出版社

图书在版编目（CIP）数据

山东省政务公开现状评估与发展对策.2022／李敏等著.—北京：中国社会科学出版社，2023.12
ISBN 978-7-5227-1867-5

Ⅰ.①山… Ⅱ.①李… Ⅲ.①地方政府—信息管理—研究—山东—2022 Ⅳ.①D625.52

中国国家版本馆 CIP 数据核字（2023）第 242577 号

出 版 人	赵剑英
责任编辑	范晨星
责任校对	韩天炜
责任印制	王 超

出　　版	中国社会科学出版社
社　　址	北京鼓楼西大街甲 158 号
邮　　编	100720
网　　址	http://www.csspw.cn
发 行 部	010-84083685
门 市 部	010-84029450
经　　销	新华书店及其他书店

印刷装订	三河市华骏印务包装有限公司
版　　次	2023 年 12 月第 1 版
印　　次	2023 年 12 月第 1 次印刷

开　　本	787×1092　1/16
印　　张	16
插　　页	2
字　　数	143 千字
定　　价	79.00 元

凡购买中国社会科学出版社图书，如有质量问题请与本社营销中心联系调换
电话：010-84083683
版权所有　侵权必究

项目组负责人：

李　敏　山东省计算中心（国家超级计算济南中心）研究员

戚元华　山东省计算中心（国家超级计算济南中心）工程师

李　刚　齐鲁工业大学（山东省科学院）研究员

项目组成员：（按姓氏笔画排序）

丁西凯	于明晖	马方雷	王　凯	王　轲
王小斐	王义文	王明杰	王秉帅	王春景
王科技	厉剑斐	田　青	田德允	史生祥
冯正乾	曲娜娜	任国珺	刘　明	刘千龙
刘苏磊	刘淑宽	刘续虎	孙金洋	芦先友
李　旺	李　涛	李玉梅	张传超	张富纶
陈中伟	陈效林	陈鹤元	周鸣乐	侯惠林
柴浩东	高　鹏	唐庆国	姬明曦	崔浩杰
葛清周	韩德隆	谢兴秀	解宏泽	翟梦然

摘　　要

为进一步推进政务公开工作，提升政府工作透明度，稳步推进各级公共企事业单位信息公开工作，提升公共企事业单位服务水平，对山东省43个省直部门、单位，16个市政府和136个县（市、区）政府的政务公开工作和634家教育、医疗卫生、供水、供电、供气、供热、公共交通等领域的公共企事业单位信息公开工作进行了评估，分析了相关工作现状，并针对存在的问题提出了对策建议。评估发现，全省各级、各部门法定内容依法依规发布、重点信息及时准确公开，申请受理渠道基本畅通、答复内容形式较为规范，政策解读形式主体多样、解读内容质量有所改善，公众参与决策持续加强、公共决策效率有效提升，监督保障机制逐步健全、公开平台建设不断深化，各级公共企事业单位信息公开工作取得明显成效。但同时也存在着一些问题，如部分

摘　　要

政府信息"重公开、轻管理"，部分基层政府对标准目录的落实不到位，依申请公开工作仍需进一步提升，部分政策解读内容不够深入，公众参与实效需进一步加强，政府网站功能需进一步优化，公共企事业单位信息公开也存在行业指导监督力度不足、工作进展不均衡、公开内容不规范等问题。下一步建议要聚焦政务信息管理、持续深化主动公开工作，着眼稳定市场预期、持续提升解读回应质效，围绕重大决策事项、持续加大公众参与深度，树立融合发展理念、持续推进公开平台建设，强化风险隐患意识，持续规范公开内容方式，同时也要继续加大公共企事业单位信息公开工作推进力度。

关键词：政务公开；第三方评估；公共企事业单位信息公开

前　言

2022年是党的二十大召开之年，也是山东省新旧动能转换"五年取得突破"的决战之年。山东省各地区、各部门认真贯彻落实党中央、国务院和省委、省政府关于全面深化政务公开的决策部署，坚持稳中求进工作总基调，加快转变政务公开职能，服务党和国家中心工作，重点围绕助力经济平稳健康发展和保持社会和谐稳定、提高政策公开质量、夯实公开工作基础等方面深化政务公开，持续加大公开力度，深化政务公开工作，更好地发挥以公开促落实、促规范、促服务作用，助力新时代社会主义现代化强省建设，圆满完成了全年工作任务。

自2015年以来，齐鲁工业大学（山东省科学院）政务公开评估工作组（以下简称"评估工作组"）已经

前　言

连续八年开展全省政务公开第三方评估工作。2022年，坚持"绩""效"并重，进一步优化方式方法，采用"日常抽测、季度检查、年度评估"相结合的方式，以求切实做到政务公开工作水平提升与第三方评估的统筹互促，实现"以评促建、以评促改、以评促优"。

2022年，为深入贯彻党的二十大精神，认真落实《中华人民共和国政府信息公开条例》、《关于全面推进政务公开工作的意见》和《国务院办公厅关于印发2022年政务公开工作要点的通知》（国办发〔2022〕8号）部署，坚持人民至上理念，进一步推进政务公开工作，提升政府透明度，省政府办公厅继续通过公开招标的方式，委托评估工作组对全省43个省直部门、单位，16个市政府和136个县（市、区）政府的政务公开工作进行了评估。同时，为认真落实《公共企事业单位信息公开规定制定办法》以及国务院有关主管部门制定或修订的公共企事业单位信息公开规定等有关要求，稳步推进各级公共企事业单位信息公开工作，提升公共企事业单位服务水平，更好维护人民群众切身利益，助力优化营商环境，评估工作组还对全省公共企事业单位信息公开工作进行了评估。

本报告分为上、下两篇，上篇为政务公开第三方评估总报告，主要包括评估概况、总体评估结果与分析、各指标评估结果分析和深化政务公开工作的建议等四章内容；下篇为公共企事业单位第三方评估报告，主要包括评估概况、发展历程、评估结果与分析、存在的主要问题和下一步改进建议等五章内容。

目　　录

上篇　政务公开第三方评估总报告

第一章　评估概况……………………………………（3）

第一节　评估工作……………………………………（3）

一　评估依据………………………………………（3）

二　评估对象………………………………………（6）

三　评估原则………………………………………（6）

四　评估方法………………………………………（7）

五　评估方式………………………………………（9）

六　评估时间………………………………………（10）

第二节　评估指标……………………………………（10）

一　指标体系………………………………………（11）

二　计分方法………………………………………（11）

目 录

第二章 总体评估结果与分析 …………………（14）

第一节 政务公开亮点工作 ……………………（14）

一 法定内容依法依规发布，重点信息及时准确公开 ……………………（14）

二 申请受理渠道基本畅通，答复内容形式较为规范 …………………………（15）

三 政策解读形式主体多样，解读内容质量有所改善 …………………………（16）

四 公众参与决策持续加强，公共决策效率有效提升 …………………………（16）

五 监督保障机制逐步健全，公开平台建设不断深化 …………………………（17）

第二节 存在的主要问题 ………………………（19）

一 部分政府信息"重公开、轻管理"，缺乏公开后的管理 ……………………（19）

二 部分基层政府对标准目录的落实不到位 ……………………………………（20）

三 依申请公开工作仍需进一步提升 ………（21）

四 部分政策解读内容不够深入，解读"走形式"现象仍然存在 ……………（21）

五 公众参与实效需进一步加强 ……………（22）

六　政府网站功能需进一步优化 …………… （23）

第三章　各指标评估结果分析 ………………… （25）

第一节　主动公开 ……………………………… （25）
　　一　法定基础信息 …………………………… （25）
　　二　重点领域信息 …………………………… （31）

第二节　依申请公开 …………………………… （44）
　　一　渠道畅通性 ……………………………… （44）
　　二　答复规范性 ……………………………… （47）

第三节　政策解读 ……………………………… （51）
　　一　解读发布平台 …………………………… （51）
　　二　解读质量 ………………………………… （53）
　　三　解读形式 ………………………………… （55）

第四节　公众参与 ……………………………… （58）
　　一　重大决策 ………………………………… （58）
　　二　重大会议 ………………………………… （60）
　　三　建议提案办理 …………………………… （61）
　　四　互动交流 ………………………………… （62）

第五节　监督保障 ……………………………… （63）
　　一　平台建设 ………………………………… （64）
　　二　机制建设 ………………………………… （67）

第四章　深化政务公开工作的建议 …………… (71)

第一节　聚焦政务信息管理，持续深化主动
　　　　公开工作 ………………………………… (71)

第二节　着眼稳定市场预期，持续提升解读
　　　　回应质效 ………………………………… (73)

第三节　围绕重大决策事项，持续加大公众
　　　　参与深度 ………………………………… (74)

第四节　树立融合发展理念，持续推进公开
　　　　平台建设 ………………………………… (75)

第五节　强化风险隐患意识，持续规范公开
　　　　内容方式 ………………………………… (76)

下篇　公共企事业单位第三方评估报告

第五章　评估概况 ……………………………… (79)

第一节　评估工作 ……………………………… (79)
　一　评估依据 ………………………………… (79)
　二　评估对象 ………………………………… (80)
　三　评估方式 ………………………………… (81)
　四　评估时间 ………………………………… (82)
第二节　评估指标 ……………………………… (83)

一　教育领域 …………………………………（83）
二　医疗卫生领域 ……………………………（92）
三　供水、供电、供气、供热领域 …………（108）
四　公共交通领域 ……………………………（113）

第六章　发展历程 …………………………………（118）

第一节　全国公共企事业单位信息公开发展历程 ………………………………（118）

一　第一阶段（1987—2001 年）：伴随政务公开而产生 ………………………（120）

二　第二阶段（2002—2007 年）：以院务公开和校务公开为典型逐步推行 ………（120）

三　第三阶段（2008—2018 年）：《政府信息公开条例》实施后正式起步 …………（124）

四　第四阶段（2019 年至今）：迈入公共企事业单位信息公开的新阶段 …………（127）

第二节　山东省公共企事业单位信息公开发展历程 ………………………………（128）

一　萌芽起步阶段（2005—2007 年）……（128）
二　规范发展阶段（2008—2017 年）……（129）
三　全面深化阶段（2018 年至今）………（131）

第七章　评估结果与分析 …………………………（134）
第一节　总体评估结果 …………………………（134）
第二节　评估结果分析 …………………………（137）
　　一　教育领域 ……………………………………（137）
　　二　医疗卫生领域 ………………………………（159）
　　三　供水、供电、供气、供热领域 ……………（192）
　　四　公共交通领域 ………………………………（202）

第八章　存在的主要问题 …………………………（205）
第一节　公开程序不够规范，主动性不强、随意性较大 ………………………………（205）
第二节　公开范围不够明确，重点不突出、信息不便民 ………………………………（207）
第三节　平台建设不够统一，重复建设、信息分散 …………………………………（208）
第四节　统筹协调力度不足，监督缺乏、指导较少 …………………………………（210）

第九章　下一步改进建议 …………………………（211）
第一节　进一步健全制度体系 …………………（211）
第二节　进一步完善标准规范 …………………（212）

第三节　进一步优化平台渠道 …………………（213）

第四节　进一步加强培训监督 …………………（214）

附录一　2022 年山东省政务公开第三方评估对象 ……………………………………（215）

附录二　2022 年山东省政务公开第三方评估指标体系 …………………………………（218）

参考文献 ………………………………………………（234）

后　记 …………………………………………………（237）

上 篇

政务公开第三方评估总报告

第一章 评估概况

第一节 评估工作

一 评估依据

本次评估的依据主要包括但不限于以下内容:

✧《中华人民共和国政府信息公开条例》(2007年4月5日中华人民共和国国务院令第492号 2019年4月3日中华人民共和国国务院令第711号修订)(以下简称《条例》)

✧《重大行政决策程序暂行条例》(中华人民共和国国务院令第713号,2019年4月20日发布,9月1日实施)

✧《关于全面推进政务公开工作的意见》(中办发〔2016〕8号)(以下简称《意见》)

✧《国务院办公厅印发〈关于全面推进政务公开工

作的意见〉实施细则的通知》（国办发〔2016〕80号）（以下简称《实施细则》）

◆《国务院办公厅关于印发政府网站发展指引的通知》（国办发〔2017〕47号）（以下简称《指引》）

◆《国务院办公厅关于印发2022年政务公开工作要点的通知》（国办发〔2022〕8号）

◆《国务院办公厅关于推进重大建设项目批准和实施领域政府信息公开的意见》（国办发〔2017〕94号）

◆《国务院办公厅关于推进公共资源配置领域政府信息公开的意见》（国办发〔2017〕97号）

◆《国务院办公厅关于推进社会公益事业建设领域政府信息公开的意见》（国办发〔2018〕10号）

◆《国务院办公厅关于推进政务新媒体健康有序发展的意见》（国办发〔2018〕123号）

◆《国务院办公厅关于做好政府公报工作的通知》（国办发〔2018〕22号）

◆《国务院办公厅秘书局关于印发政府网站与政务新媒体检查指标、监管工作年度考核指标的通知》

◆《国务院办公厅关于全面推进基层政务公开标准化规范化工作的指导意见》（国办发〔2019〕54号）

◆《国务院办公厅政府信息与政务公开办公室关于规范政府信息公开平台有关事项的通知》（国办公开办

函〔2019〕61号）

◆《国务院办公厅政府信息与政务公开办公室关于印发〈中华人民共和国政府信息公开工作年度报告格式〉的通知》（国办公开办函〔2021〕30号）

◆《国务院办公厅政府信息与政务公开办公室关于做好规章集中公开并动态更新工作的通知》（国办公开办函〔2021〕33号）

◆《山东省委办公厅　省政府办公厅印发〈关于全面推进政务公开工作的实施意见〉的通知》（鲁办发〔2016〕43号）

◆《山东省人民政府办公厅关于印发2022年山东省政务公开工作要点的通知》（鲁政办发〔2022〕5号）（以下简称《要点》）

◆《山东省人民政府办公厅关于做好人大代表建议和政协提案办理结果公开工作的通知》（鲁政办字〔2016〕63号）

◆《山东省人民政府办公厅关于推进全省政务新媒体健康有序发展的通知》（鲁政办发〔2019〕3号）

◆《山东省人民政府办公厅关于全面推进基层政务公开标准化规范化工作的实施意见》（鲁政办发〔2020〕11号）

◆《山东省重大行政决策程序规定》（省政府令第

◆《山东省人民政府办公厅关于进一步规范和加强政策解读工作的通知》（鲁政办字〔2021〕115号）

◆2022年全省政务公开工作部署要求

二 评估对象

本次评估对象为43个省直部门、单位（包括组成部门、直属特设机构、直属机构、部门管理机构和部分省属事业单位）、16个市政府和136个县（市、区）政府。

三 评估原则

本次评估工作坚持公平公正、客观量化、注重实效、促进工作的原则。

（一）公平公正

统一评估内容、评估标准，公正、客观地进行评估，面向公众，公开评估过程和评估结果。

（二）客观量化

科学制定评估办法和评估内容，合理设定评估指标和分值，采用定量和定性相结合的方法，制定量化的具体标准，客观公正地进行评价，确保评估结果真实可靠。

（三）注重实效

严格按照评估标准和要求实施评估，严格评估纪律，规范评估程序，简化评估流程，提高评估实效。

（四）促进工作

评估本着鼓励先进、激发干劲的目的，最大限度地调动各级、各部门工作积极性、主动性和创造性，促进全省政务公开工作向纵深发展。

四 评估方法

针对本次评估指标和评估内容，采用主观体验评价与客观质量评估相结合、人工评分与机器评分相结合等方法。以第三方的身份，从公众的视角，通过客观采集评估对象政府网站数据、主观评价用户体验度、开展依申请公开与互动交流的模拟暗访等方式，对各评估对象政务公开工作情况进行评估，总结工作中取得的成绩，并分析当前存在的主要问题。

（一）主观体验评价与客观质量评估相结合方法

本次评估工作，采用了主观体验评价与客观质量评估相结合的方法。依照评估指标体系，对指标体系中能够量化的指标，通过专业评估工具或人工进行政府网站数据的采集；对政府网站栏目建设情况、信息查找便利性、用户体验等方面，采取客观数据辅以主观评价的方法进行评分，确保评估工作公正、科学、合理。

（二）人工评分与机器评分相结合方法

本次评估工作，采取人工评分与机器评分相结合的方法。对可量化或可通过专业评估工具进行采集的数据，使用专业评估工具进行采集；对无法量化或通过工具无法采集的数据，采用人工评分的方式，并将所有采集数据录入具有自主知识产权的采集评估系统进行统计分析。

（三）模拟暗访评估方法

对于依申请公开、互动交流回应等评估指标内容，除了常规评估手段外，还采取了模拟暗访的方法进行评估，即通过以公众身份实际提交申请，评估相关部门的答复、回应情况，对应评估指标体系开展评估。

（四）同一指标平行测试评估

每一轮评估中每个评估对象的每项指标由同一个人全部完成，并在同一个时间段内完成数据的采集工作，确保每个评估对象的每项指标的评测标准和评分尺度、评测时间相同，从而确保每个评估对象的指标评估标准的一致。

（五）专家咨询

在评估过程中，为提高评估的质量，规范评估程序，对指标项中比较重要的指标项或存在疑惑的指标项，评估工作组向专家顾问组进行了咨询，由专家顾问组提出科学的咨询评估意见或建议，评估人员根据专家顾问组的意见或建议进行有效评估。

（六）数据质量核查

在政务公开数据采集之后，按照严格的标准对采集的多组数据进行核查。一查数据采集源，确保数据采集来源全面统一；二查数据格式，确保从各单位采集的数据格式正确，以符合评估标准；三查数据质量，确保采集数据准确可靠。

（七）统一评估标准

在评估工作进行之前，对评估工作组内部进行培训。培训内容涉及政务公开评估指标体系、评估方式、评估标准等。通过系统的培训学习，评估工作组人员对评估指标项有更清晰的理解，从而形成统一的评估标准，确保评估结果的客观、公正。

五　评估方式

2022年山东省政务公开第三方评估采用"日常抽测、季度检查、年度评估"相结合的方式。

（一）日常抽测

日常抽测的指标主要包括但不限于依申请公开、互动交流、政府信息公开指南电话、机构设置联系电话等。采取全年分批次、不定期的模拟暗访方式开展，随机打乱评估对象的顺序，开展日常抽测评估工作。

（二）季度检查

季度检查主要采用按季度评估的方式，每个季度选取不同的指标，开展季度的专项评估工作。2022年第一季度和第二季度的检查合并为上半年评估。其中，各季度的检查指标内容根据工作实际情况、国办最新要求等动态确定和调整，第四季度检查与年度评估合并进行。

（三）年度评估

根据2022年党中央、国务院和山东省委、省政府关于政务公开工作的最新部署，结合国办2022年政务公开第三方评估指标体系，研究制定2022年山东省政务公开第三方评估指标体系，根据指标体系，开展全年度的第三方评估工作。

六　评估时间

总体评估数据采集时间在2023年1月4日后开始，其中，上半年评估已于2022年7月启动，第三季度评估已于2022年10月启动，依申请公开的暗访工作也已于2022年8月开始陆续启动。

第二节　评估指标

本次评估重点内容包括主动公开、依申请公开、政策解读、公众参与、监督保障五个方面。其中，省直部门、单位评估指标体系，根据职能范围差异和业务领域特色，设置了共性指标和专项指标，保证评估指标的科学性、合理性和公平性。

一 指标体系

评估指标采用五级树形结构，包括五个一级指标："主动公开""依申请公开""政策解读""公众参与""监督保障"，指标权重情况如图 1-1 所示。

二 计分方法

日常抽测成绩直接纳入年度或季度评估相关指标成绩；各季度检查成绩（每个季度检查的成绩满分均为 100 分）分别以 10% 的比例计入各评估对象的评估总成绩。具体计分方法如下。

（一）省直部门、单位

由于省直部门、单位的职责边界、工作性质和服务群体等不同，年度评估仍然分共性指标和专项指标，季度检查根据各季度的指标情况，视情采用共性指标和专项指标的计分方式。省直部门、单位第三方评估总成绩的具体计分方法如下：

第三方评估总成绩 = 年度评估成绩 × 70% + 上半年检查成绩 × 20% + 第三季度检查成绩 × 10%

（二）市政府

市政府评估总成绩由市本级政府年度评估成绩、市

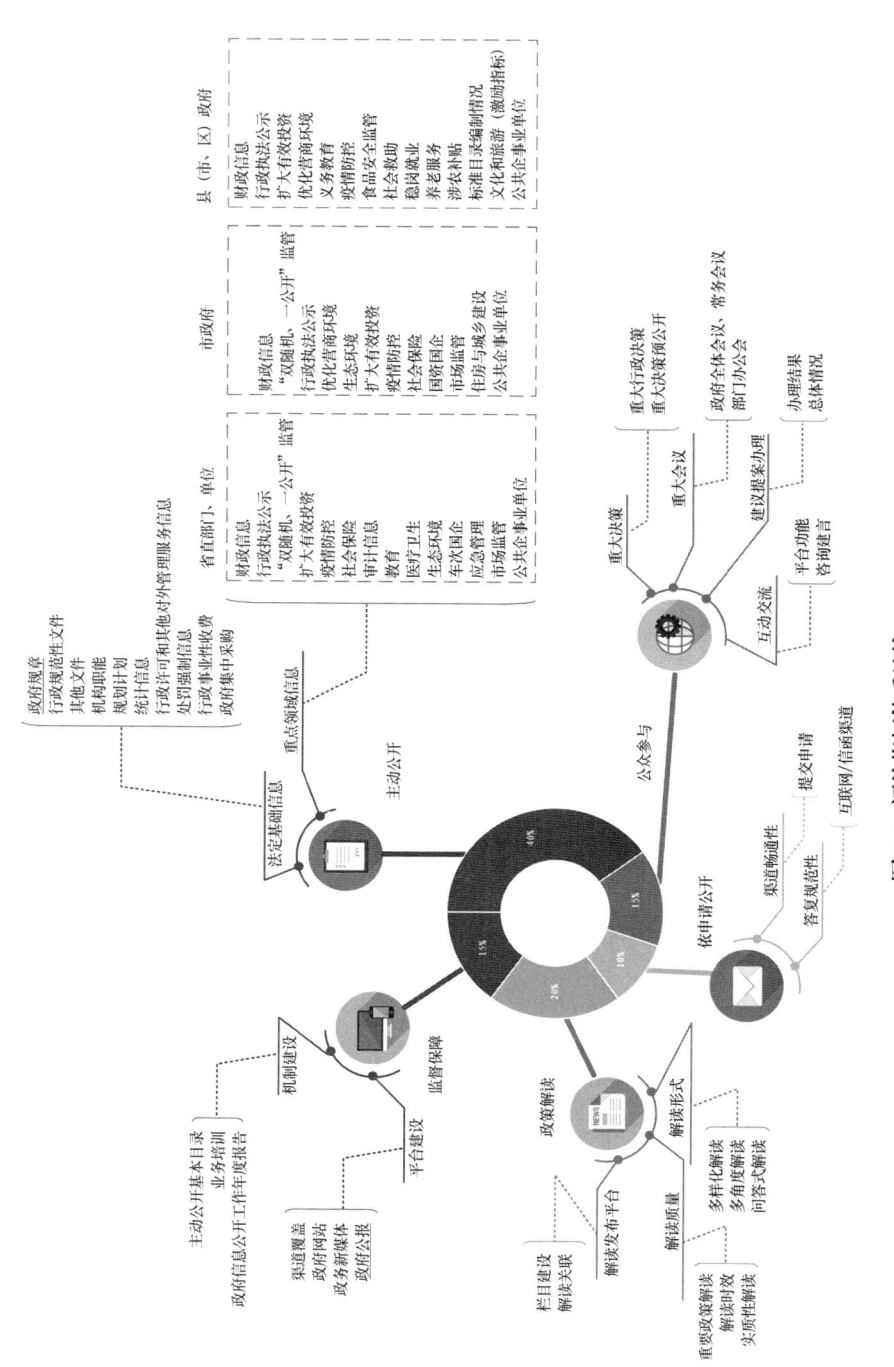

图 1-1 评估指标体系结构

政府季度检查成绩和所辖县（市、区）政府总成绩平均分组成，市政府第三方评估总成绩的具体计分方法如下：

市政府评估总成绩＝（市本级政府年度评估成绩×70%＋上半年检查成绩×20%＋第三季度检查成绩×10%）×50%＋所辖县（市、区）政府总成绩的平均分×50%

（三）县（市、区）政府

县（市、区）政府评估总成绩由年度评估成绩和季度检查成绩组成。县（市、区）政府第三方评估总成绩的具体计分方法如下：

县（市、区）政府总成绩＝年度评估成绩×70%＋上半年检查成绩×20%＋第三季度检查成绩×10%

第二章 总体评估结果与分析

第一节 政务公开亮点工作

一 法定内容依法依规发布，重点信息及时准确公开

以《条例》第二十条共性基础内容为主的法定主动公开内容是各行政机关必须依法依规主动发布的政府信息，评估结果显示，省直部门、单位，市政府，县（市、区）政府法定基础信息的平均得分指数分别为97.08%、96.82%和94.64%。这说明，各评估对象均能够按照《条例》要求，在政府信息公开专栏中集中规范发布本行政机关的政府规章、行政规范性文件、机构职能、规划计划、统计信息、行政许可和其他对外管理服务信息、处罚强制信息、行政事业性收费和政府集中采购信息等。

重点领域信息主要选取了社会关注度较高的财政信息、行政执法公示、优化营商环境、扩大有效投资、疫情防控、社会救助、稳岗就业、义务教育、食品药品监管等领域，评估结果显示，省直部门、单位，市政府，县（市、区）政府重点领域信息的平均得分指数分别为93.81%、95.97%和93.59%。虽然平均得分指数略低于法定基础信息，但是也均超过了90%，说明各评估对象年内通过建立专题专栏，多形式、多渠道及时准确公开了涉及本领域、本地区的重点政府信息，极大方便了企业和公众获取，取得了良好成效。

二 申请受理渠道基本畅通，答复内容形式较为规范

2022年，山东省各级政府和部门全年共收到政府信息公开申请39620件，同比增长9.7%。评估结果显示，在申请数量逐年增加情况下，互联网渠道总体畅通率仍然保持在100%，信函渠道总体畅通率也达到了99.49%；互联网渠道和信函渠道按时答复率分别为94.36%和89.23%。说明各评估对象在依申请公开工作中持续强化服务理念，重点加强与申请人的沟通，准确了解申请人诉求，提高了答复的及时性和针对性。

三 政策解读形式主体多样，解读内容质量有所改善

做好重要政策解读工作，是避免因政策内涵被扩大或外延被延伸而引发误解误读的重要措施。评估结果显示，各评估对象围绕激发市场活力、减税降费、扩大有效投资、疫情防控和复工复产、稳就业保就业、优化营商环境、稳住宏观经济大盘等方面的政策文件，积极通过图片图表、音频视频、H5 动画、卡通动漫等形式开展解读。部分评估对象还成立了解读专家队伍，由政府主管部门和领导、专家、媒体等从不同角度对同一重要政策进行多次解读。

在此基础上，政策解读质量也有一定的改善和提升，评估结果显示，省直部门、单位，市政府，县（市、区）政策解读质量指标的平均得分指数分别达到了 95.56%、90.42% 和 87.51%。

四 公众参与决策持续加强，公共决策效率有效提升

重大决策方面，各级政府均发布了 2022 年本地区重大行政决策事项目录，并以事项目录超链接方式归集展示决策草案全文、草案解读说明、公众意见建议收集和采纳情况等信息，部分评估对象还关联展示了决策会

议审定情况、决策执行情况、后评估、风险评估、专家论证等信息。评估结果显示，63.64%的省直部门、单位，68.75%的市政府，91.18%的县（市、区）政府能够在重大决策草案征求意见结束后，及时反馈意见征集结果，并对主要采纳意见和不采纳意见理由进行说明。

重大会议方面，所有评估对象均能够及时公开本级政府常务会议、全体会议和本部门办公会议的相关内容，其中，72.09%的省直部门、单位，100%的市政府，98.53%的县（市、区）政府提供会议速读版或一图读懂等相关图解，对相关会议精神进行解读。

五 监督保障机制逐步健全，公开平台建设不断深化

渠道覆盖方面，所有评估对象均能够在政府信息公开指南中说明本部门对外主动公开政府信息的平台渠道情况，其中，81.40%的省直部门、单位，100%的市政府，95.59%的县（市、区）政府所公开的咨询电话在办公时间内能够保持畅通；所有评估对象均提供了网站或专栏网址、新媒体平台和账号名称、客户端下载链接、政府公报专栏链接，以及政府信息查阅场所的地理位置、联系方式、开放时间等详细信息。

平台建设方面，各评估对象不断优化政府网站站内

检索功能，评估结果显示，90.70%的省直部门、单位，100%的市政府，100%的县（市、区）政府门户网站站内搜索结果实现了分类展现；87.50%的市政府和70.59%的县（市、区）政府能根据搜索关键词聚合相关信息和服务功能，实现"搜索即服务"。67.44%的省直部门、单位，81.25%的市政府，86.76%的县（市、区）政府能够及时更新本机关政务新媒体的消息信息和视频号信息。所有市政府和县（市、区）政府均能够定期出版发行政府公报，并在政府门户网站政府公报专栏中提供历史政府公报的目录导航和内容检索服务功能。

主动公开基本目录方面，省、市、县三级主动公开基本目录体系基本形成。评估结果显示，各评估对象均能够及时调整更新本年度主动公开基本目录内容，并进一步明确各公开事项的主体、内容、时限、方式等。

政府信息公开工作年度报告方面，本次评估对于市政府和县（市、区）政府，除评估本级政府的年度报告以外，还抽取了部分部门的年度报告。评估结果显示，省直部门、单位，市政府，县（市、区）政府年度报告平均得分指数分别为100%、99.19%和97.17%，能够严格按照《中华人民共和国政府信息公开工作年度报告格式》要求编制和发布本机关政府信息公开工作年度报告。

第二节 存在的主要问题

一 部分政府信息"重公开、轻管理",缺乏公开后的管理

《条例》第八条规定,各级人民政府应当加强政府信息资源的规范化、标准化、信息化管理。评估发现,各评估对象普遍只是将相关信息发布到网上,缺乏公开后的管理,一些已经不具备实际效用的信息未及时清理,造成信息在政府网站的无序散乱。具体表现在以下几个方面。

一是行政规范性文件的有效性标注不准确。构建统一政府文件库的目的之一在于进一步规范政府文件的信息化管理,彻底掌握政策底数,也就是现行有效的政府文件情况。部分评估对象在一些行政规范性文件宣布失效、废止后,未及时更新有效性标注,特别是一些到期自动失效的文件,有效性仍然标注为"有效"。还有部分评估对象政府网站行政规范性文件发布渠道不统一,即同时在政府文件库、通知公告、专题专栏等不同位置发布行政规范性文件,当文件失效或废止后,未能全面更新有效性标注或清理有关失效、废止文件。

二是一些不必要的说明文件未及时清理。如某县政

府在 2022 年 10 月，发布了一则关于医疗救助信息公开的有关说明，内容大致为由于医疗救助系统故障，无法公开 8—10 月份有关医疗救助信息，评估工作组在采集该政府网站时，后续月份的信息已经发布，而该条说明内容却未及时删除。

三是部分政府网站信息维护不及时。部分评估对象存在信息更新不及时的问题，如防疫知识、食品安全消费警示、就业岗位招聘公告、公共文化活动等长期不更新；部分评估对象的一些专题专栏存在信息无法正常访问或所提供链接不准确的情况。

二 部分基层政府对标准目录的落实不到位

推进基层政务公开标准化规范化的重点不在于基层政府制定了多少个领域的标准目录，也不在于标准目录的内容有多丰富，而是在于到底能够落实多少。《国务院办公厅关于印发 2021 年政务公开工作要点的通知》（国办发〔2021〕12 号）曾要求，已经出台本领域基层政务公开标准指引的国务院部门，要对标准指引落实情况进行跟踪评估。《山东省人民政府办公厅关于印发 2021 年山东省政务公开工作要点的通知》（鲁政办发〔2021〕5 号）也提出，对政务公开事项标准目录进行跟踪评估，以基层群众实际需求为导向及时优化调整完善。

本次评估抽取了国务院部门新增的旅游领域基层政务公开标准指引中的内容，开展指引落实情况的评估，旨在检查各基层政府落实新增领域基层政务公开标准目录的情况。评估结果显示，所有县（市、区）政府基本都在 2022 年 6 月底前，编制完成并对外发布了旅游领域基层政务公开标准目录，但旅游领域指标的平均得分指数仅为 64.83%。这说明，各基层政府目录编制工作基本全部完成，但对标准目录的落实力度远远不够。

三 依申请公开工作仍需进一步提升

评估结果显示，5.64% 的评估对象未能够在规定时限内答复通过互联网渠道提出的申请，10.77% 的评估对象未能够在规定时限内答复通过信函渠道提出的申请。个别评估对象出现信函申请以本机关不受理此项业务为由退件的现象；部分评估对象拒绝向申请人出具政府信息公开告知书或所出具的政府信息公开告知书形式或内容不规范。

四 部分政策解读内容不够深入，解读"走形式"现象仍然存在

部分政策解读材料不全面、不详尽，缺乏实质性内容。评估发现，部分评估对象针对重要政策配发的解读

材料的内容较为简略，如某县发布的《某县人民政府办公室关于印发某县对外贸易创新发展行动实施方案的通知》的文字解读材料，在简要描述政策背景和决策依据之后，仅用一句话"高度概括"了两千多字的文件主要内容，难以起到帮助社会公众理解政策内容的作用。

部分评估对象政策解读"走形式"现象仍然存在。评估发现，部分评估对象发布的多形式、多角度解读材料存在内容高度重复、角度特征模糊等形式主义问题，如部分评估对象发布的图解仅是在文字解读的基础上增加图片背景，发布的视频解读、动画解读、H5动漫解读也仅是对图解单纯的分割或配合少量动画效果的播放；部分县（市、区）政府发布的文件起草部门解读、主要负责人解读、专家解读和媒体解读等多角度解读材料的内容高度重复；部分评估对象发布的专家解读材料未注明专家身份信息、或实为文件起草部门内部工作人员解读；部分评估对象发布的媒体解读材料未注明来源媒体、或实为本级政府或文件起草部门政府网站、政务新媒体发布的部门解读材料，严重影响了政策解读的效果。

五 公众参与实效需进一步加强

一是决策草案解读说明仍是薄弱环节。评估结果显示，54.55%的省直部门、单位，68.75%的市政府，57.35%的县（市、区）政府在发布决策草案公开征求公众意见时，未同步发布草案解读说明，或是草案解读说明内容较为简单，部分仅是说明了相关起草依据以及草案内容小标题的摘抄。

二是政府常务会、部门办公会议题解读不够深入。评估结果显示，72.09%的省直部门、单位，43.75%的市政府，65.44%的县（市、区）政府未对议题开展解读，或仅是关联公开了议定事项文件和解读材料，未进一步对相关议题开展深层次解读或关联相关媒体解读评论内容。

三是公众参与成效不显著。部分重大行政决策草案、行政规范性文件草案或是重要政策性文件草案征求意见的反馈结果为"无公众意见"或"未收到公众意见"。

六 政府网站功能需进一步优化

政府网站站内检索智能化水平有待进一步提升。评估结果显示，79.07%的省直部门、单位，93.75%的市政府，90.44%的县（市、区）政府网站的站内检索未能够全面提供错别字自动纠正、关键词推荐、拼音转化搜索和通俗语言搜索等功能。

部分政府网站的适老化改造不够全面。评估结果显示，37.5%的市政府和33.09%的县（市、区）政府未在门户网站首页显著位置提供长者专区，或者提供了长者专区但未在专区内集中提供老年人相关的信息和服务内容。

第三章　各指标评估结果分析

第一节　主动公开

"主动公开"指标包括"法定基础信息"和"重点领域信息"2项二级指标，主要评估《条例》第二十条、二十一条规定的基础信息和社会关注度较高的重点领域信息的主动公开情况。

一　法定基础信息

(一)　主要工作成效

1. 机构职能体系公开透明

推进行政机关机构职能信息公开是坚持权责透明，推动用权公开的重要举措。《条例》第二十条明确规定，行政机关应主动公开本机关的机关职能、机构设置、办公地址、办公时间、联系方式、负责人姓名。而《国务院办公厅关于印发政府网站发展指引的通知》（国办发〔2017〕47号）中明确要求，在同一网站发布多个机构职能信息时，要集中规范发布，统一展现形式。

评估结果显示，95.35%的省直部门、单位，93.75%的市政府和75.74%的县（市、区）政府能够及时、准确地公开本机关的机构设置、部门职能、办公地址、办公时间、联系方式等信息。各市政府和各县（市、区）政府也均统一了本级政府部门机构职能公开的格式标准，建立专栏集中规范发布政府部门、事业单位、驻鲁单位等领导信息、基本信息、主要职责和内设机构等。100%的省直部门、单位，100%的市政府，99.26%的县（市、区）政府均在政府网站详细公开了本机关的所有负责人信息，包括姓名、现任职务职级、性别、民族、出生年月、学历学位、政治面貌、照片等。

2. 政策集中公开成效显著

习近平总书记指出："要加大政策公开力度，让群众知晓政策、理解政策、配合执行好政策。"[①]《法治政府建设实施纲要（2021—2025年）》和全国政务公开领导小组第五次会议要求，建设法规规章行政规范性文件统一公开查询平台，2023年年底前各省（自治区、直辖市）实现本地区现行有效地方性法规、规章、行政规范

[①] 《习近平谈治国理政》第二卷，外文出版社2017年版，第363页。

性文件统一公开查询。2022年8月，山东省政府办公厅启动了数据联通工作，建立了全省统一的政府文件库，并构建了"政府文件统一公开平台"，于2022年12月28日在山东省政府门户网站上线试运行。通过政府文件库的建设，进一步摸清了全省政府文件的底数，实现了全省政府文件数据资源的标准化和历史文件的电子化。

政府规章方面，按照《国务院办公厅政府信息与政务公开办公室关于做好规章集中公开并动态更新工作的通知》（国办公开函〔2021〕33号）要求，省政府和各市政府门户网站均在政府信息公开专栏中，规范公开了本级现行有效的政府规章，并提供了可用的文字版、图片版的规章文本下载。截至2023年4月21日，省政府门户网站集中公开了现行有效的政府规章183部，16个市政府共公开了现行有效的政府规章343部。

行政规范性文件方面，69.23%的省直部门、单位，全部市政府和全部县（市、区）政府均在行政规范性文件公开页面详细列明了标题、正文、文号、成文日期、发布日期、有效性等。

3. 统计公报和统计数据基本能够定期公开

通过公布统计公报和统计数据，能够便于公众了解全省经济社会发展情况，并对国民经济和社会发展情况实行有效的、全面的监督。评估结果显示，省统计局、各市政府和各县（市、区）政府均在政府信息公开专栏的法定主动公开内容栏目下，设置专门目录集中发布了本地区2021年国民经济和社会发展统计公报。另外，省统计局、所有市政府和95.59%的县（市、区）政府还能够定期发布本地区经济社会发展统计数据及分析解读信息。

4. 全省规划体系得到全面展示

做好国民经济和社会发展规划、国土空间规划、专项规划和区域规划等公开工作，有利于全面展示定位准确、边界清晰、功能互补、统一衔接的规划体系，更好地引导全社会关心支持规划实施工作。评估结果显示，各评估对象均在政府网站建立有关目录或专题专栏，及时、规范、集中公开本地区国民经济和社会发展第十四个五年规划纲要、国土空间规划、专项规划和区域规划等，并积极做好历史规划（计划）的归集整理和主动公开工作。

5. 行政许可事项全部实现清单管理

全面实行行政许可事项清单管理，是深化"放管服"改革优化营商环境的重要举措，有利于明晰行政许可权力边界、规范行政许可运行，为企业和群众打造更加公平高效的审批环境，对于推进政府治理体系和治理能力现代化意义重大。评估结果显示，各市政府和县

（市、区）政府均编制完成并公布了本级行政许可事项清单，将依法设定的行政许可事项全部纳入清单管理。

6. 行政事业性收费目录实现常态公开和动态管理

评估发现，省财政厅在部门网站设立了行政事业性收费目录专栏，集中公开动态调整的山东省行政事业性收费目录清单。各市政府和各县（市、区）政府也均及时公开了本地区执行的全国性行政事业性收费项目目录清单和山东省行政事业性收费项目目录清单，并不定期更新。其中，部分评估对象还将行政事业性收费目录中所涉及的收费依据文件进行汇总整理，并采用网页关联文件或 Excel 嵌入文件等形式关联展示。

7. 政府集中采购实施情况定期公布

评估结果显示，100% 的省直部门、单位，100% 的市政府，97.79% 的县（市、区）政府能够在政府网站定期公开本部门或本级政府集中采购实施情况。

（二）存在的问题

1. 行政规范性文件公开后的管理有待进一步加强

评估发现，51.28% 的省直部门、单位，62.50% 的市政府，53.68% 的县（市、区）政府在已经宣布废止、失效的行政规范性文件公开页面未明确标注有效状态或仍然标注着"有效"；部分县（市、区）政府在政府网站公开行政规范性文件时，未能够全部列明行政规范性文件的文号、成文日期、发布日期、有效性等。

2. 机构联系方式和办公时间精确性有待进一步提升

本次评估对各评估对象在政府信息公开指南中公布的本机关咨询电话的畅通性进行了日常暗访，结果显示，18.60%的省直部门、单位和4.41%的县（市、区）政府的咨询电话，在所公布的办公时间内多次拨打，均无法正常接通。另外，4.65%的省直部门、单位，6.25%的市政府，24.26%的县（市、区）政府公开的办公电话未增加区号或办公时间未进一步明确工作日和法定节假日等。

3. 部分处罚、强制和其他对外管理服务信息仍然缺少办理流程

评估结果显示，2.94%的省直部门、单位，6.25%的市政府，55.15%的县（市、区）政府的部分其他管理服务事项未明确办理流程；9.09%的省直部门、单位，50%的市政府，63.24%的县（市、区）政府的部分行政强制事项未明确办理流程；18.75%的省直部门、单位，43.75%的市政府和58.82%的县（市、区）政府的部分行政处罚事项未明确办理流程。具体问题体现在，有的办理流程显示为空，有的办理流程只有表格无具体内容，有的行政强制的办理流程放置了行政处罚的流程图。

4. 部分行政事业性收费项目的征收标准有待进一步明确

评估发现，6.25%的市政府和11.76%的县（市、区）政府所发布的行政事业性收费目录的征收标准显示为"详见市地文件""详见各市文件"等，个别县（市、区）政府的收费标准中还出现了"具体收费标准见各县（市、区）制定的行政事业性收费目录"等不明确的表述。

二 重点领域信息

（一）主要工作成效

1. 财政预决算信息基本实现应公开尽公开

建立和完善财政预决算公开制度体系，是提高政府公信力和建设法治政府的重要途径，同时也是提升政府透明度、监督行政机关依法行政的重要手段。省直各部门、单位同时在省级财政预决算公开平台和本部门网站公开了本部门、单位2021年财政决算和2022年财政预算信息，极大方便了社会公众查阅和监督。各市政府和各县（市、区）政府也均建立了财政预决算公开专栏或平台，分级分类公开了本级政府部门及其所属单位的预决算说明、表格、"三公"经费预决算信息。各级政府还随同本级政府预决算公开了地方政府债务限额、余额、使用安排及还本付息等信息。另外，省财政厅、所有市政府和97.79%的县（市、区）政府按月公开了本地区财政收支及增减变化情况。

2."双随机、一公开"监管信息全面公开

评估结果显示，全部具有抽查事项的省直部门、单位和93.75%的市政府能够及时发布本部门或本级政府部门的随机抽查事项清单，且抽查事项、检查对象、抽查内容、事项类别、检查方式、抽检比例及频次、检查部门及实施层级、设定依据等要素相对较为完整；93.33%的具有抽查事项的省直部门、单位及时发布了本部门或本系统年度抽查工作计划；93.75%的市政府统筹制定并发布本辖区部门联合抽查年度计划和本级政府部门年度抽查工作计划。83.33%的具有抽查事项的省直部门、单位和87.50%的市政府能够按照抽查计划及时向社会公布抽查情况和抽查结果。

3.行政执法公示信息实现集中统一发布

全面推行行政执法公示制度，对于促进严格规范公正文明执法，保障和监督行政机关有效履行职责，维护人民群众合法权益，具有重要意义。评估结果显示，80%的省级行政执法主体、100%的市政府和100%的县（市、区）政府均在政府网站建立了行政执法公开统一平台或专栏，其中，大多数的行政执法主体能够规范公开行政执法事前和事后的相关信息。

4. 普遍设置扩大有效投资有关专题专栏或目录

2022年，各评估对象严格依法依规做好扩大有效投资相关规划、政策文件及重大建设项目信息公开，积极引导市场预期。评估结果显示，省直各有关部门、单位，87.5%的市政府，78.68%的县（市、区）政府能够集中公开制定或执行的扩大有效投资相关规划、政策文件；各市政府和97.06%的县（市、区）政府及时发布了2022年重大建设项目清单，集中发布了各项目不同阶段的批准和实施信息。

5. 涉及市场主体的优化营商环境信息公开力度加大

评估结果显示，87.5%的市政府和85.29%的县（市、区）政府能够集中整理和发布已出台各项减税降费政策，以及促进创业创新、中小微企业及特殊困难行业的纾困解难、保障和改善民生等税费优惠政策，特别是大规模增值税留抵退税政策。其中，62.50%的市政府和66.91%的县（市、区）政府还能够及时定期公开减税降费政策落实情况和政策成效。

各市政府和县（市、区）政府均及时公开了本地区执行的政府性基金、涉企行政事业性收费、涉企保证金以及实行政府定价的经营服务性收费等目录清单。

涉企政策送达方面，各市政府和各县（市、区）政府均能够在门户网站、政务服务平台等醒目位置设置惠企政策专区，并能够结合企业类型、办事需求等进行主动推送。

6. 疫情防控有关专栏持续优化

2022年，山东省门户网站重新调整优化了疫情防控专栏，集中发布疫情通报、回应关切、政策措施、疫苗接种、科普知识等信息，并集成了复工复产和疫情防控有关的服务链接。评估结果显示，各市政府和各县（市、区）政府在持续发布本地区隔离管控、精准防控、疫苗接种等疫情防控进展信息的同时，普遍能够及时公开本地区具有检测资质的核酸检测机构和"愿检尽检"核酸检测采样点名单、医疗机构发热门诊设置情况以及疫苗接种地点情况。

7. 生态环境和医疗卫生信息公开情况良好

生态环境方面，评估结果显示，各市政府均能够按月发布全市所辖各县（市、区）政府环境空气质量状况等信息，并按季度向社会公开饮用水水源水质状况、供水厂出水安全状况和用户水龙头（管网末梢）水质状况信息；各市政府均在2022年3月底前公开本行政区域内的环境信息依法披露企业名单。

医疗卫生方面，省卫生健康委在部门网站建立了"卫生健康"专题专栏，按月发布山东省法定报告传染病疫情通报。在"突发公共卫生事件"栏目中集中发布了《山东省突发公共卫生事件应急办法》《山东省突发公共卫生事件应急预案》，并及时公开了突发公共卫生事件总体信息。

8. 社会保险、国资国企信息披露情况较好

社会保险信息方面，省人力资源和社会保障厅及各市政府均集中公开了现行有效的社会保险法规、制度、政策、标准、经办流程等，并按季度公布社会保险参保、转移接续、待遇水平和发放等情况以及社会保险基金收支和运行等情况。省医保局及时更新并发布山东省内异地就医联网结算医疗机构名单。

国资国企方面，省国资委和各市政府均能够按月公开国有企业主要经济效益指标、主要行业盈利、重大变化事项等情况，并及时公开了国有企业经营情况和业绩考核结果以及各国有企业的履行社会责任重点工作情况。

9. 市场监管和应急管理信息及时公开

市场监管方面，省市场监管局和各市政府均能够依法向社会发布产品质量监督抽查结果公告，及时向社会公开食品安全监督抽检合格产品信息和不合格产品信息。评估结果显示，92.65%的县（市、区）政府能够及时公开本地区食品生产经营监督检查情况，包括工作

计划、检查标准、检查结果等信息，97.06%的县（市、区）政府及时向社会公开了由本级组织的食品安全抽检情况，包括检查实施主体、被抽检单位名称、被抽检食品名称、标示的产品生产日期/批号/规格、检验依据、检验机构、检查结果；86.03%的县（市、区）政府及时公开了本地区药品零售经营监督检查情况，包括检查制度、检查标准、检查结果等信息；80.88%的县（市、区）政府及时发布了本地区食品安全消费提示、警示信息。

应急管理方面，省应急厅在部门网站公开了非煤矿山、危险化学品、工商贸等重点行业领域监管执法和事故信息，并及时发布了本地区自然灾害类和安全生产类突发公共事件应急预案信息以及防灾减灾、预警预报及灾害救助信息。

10. 住房和城乡建设信息公开较为全面

住房保障方面，各市政府均能够集中发布本地区保障性租赁住房有关政策及其解读，并及时发布本地区城镇保障性安居工程规划建设方案、年度建设计划信息、建设计划完成情况和住房分配情况。

城市更新方面，各市政府均公开了本地区老旧小区、棚户区改造、危旧楼房改建相关政策措施以及本地区老旧小区、棚户区改造的项目清单。

住房公积金方面，93.75%的市政府能够于2022年3月底前及时发布2021年住房公积金年度报告；各市政府均能够按季度发布住房公积金缴存、提取、贷款、财务以及风险状况等公积金管理运行信息。

11. 教育信息能够规范公开

省教育厅在部门网站政府信息公开专栏中整理发布了义务教育、学前教育、特殊教育、职业教育、高等教育、民办教育等方面的政策措施以及相关解读，及时公开了《山东省"十四五"教育事业发展规划》《山东省教育信息化"十四五"规划》等相关发展规划，并及时公开了2022年度专项经费投入、分配和使用、困难学生资助实施情况。

评估结果显示，99.26%的县（市、区）政府能够定期公开本地区教育事业发展主要情况和本地区教育统计数据；98.53%的县（市、区）政府及时公开了最新的本地区义务教育学校名录，包括学校名称、学校地址、办学层次、办学类型、办公电话等；99.26%县（市、区）政府能够及时公开本地区2022年义务教育招生政策、招生计划、招生范围、咨询方式等。招生工作结束后，96.32%的县（市、区）政府详细公开了各义务教育学校的招生结果；各县（市、区）政府均能够及时公开学籍管理、义务教育学生资助政策、学生优待政策以及学生评优奖励等信息。

12. 稳岗就业专栏建设情况较好

及时、主动、全面公开稳岗就业领域有关信息，加强政策解读和宣传引导，有利于保障服务对象知情权和监督权，鼓励群众就业创业，不断增进群众获得感、幸福感。

就业政策方面，各县（市、区）政府均在门户网站中设置了"稳岗就业"有关专题专栏或目录，集中整理发布面向相关群体的灵活就业支持政策，并及时公开本地区就业法规咨询信息，包括就业创业政策项目、对象范围、政策申请条件、政策申请材料、办理流程、办理地点（方式）、咨询电话等信息。

职业指导方面，各县（市、区）政府均及时公开了本地区职业指导的服务内容、服务对象、提交材料、服务时间、服务地点（方式）和咨询电话等信息。

职业培训方面，各县（市、区）政府均能够动态公开技能培训政策规定及经办流程；70.59%的县（市、区）政府动态公开了本地区职业培训信息，包括培训项目、对象范围、培训内容、培训课时、授课地点、补贴标准、报名材料、报名地点（方式）、咨询电话等信息。

补贴信息方面，各县（市、区）政府均能够及时公开就业创业相关补贴申领条件、程序、管理和审批等信息。

就业服务方面，97.06%的县（市、区）政府动态公开了本地区就业岗位信息，包括招聘单位、岗位要求、福利待遇、招聘流程、应聘方式、咨询电话；各县（市、区）政府均及时公开了面向就业困难人员、高校毕业生、贫困劳动力、失业人员、退役军人等就业专项活动。

13. 养老服务信息公开内容较为丰富

做好养老服务领域信息公开工作，是推进养老服务持续健康发展的重要保障。评估结果显示，通用政策方面，各县（市、区）政府均能够公开本地区养老服务扶持政策措施清单及养老机构投资指南等养老服务、养老机构相关补贴政策，并能够公开本地区养老服务设施评估结果、养老公共服务清单等信息。

养老机构方面，92.65%的县（市、区）政府能够按月公开本行政区域已备案养老机构案数量，以及已备案养老机构名称、机构地址、床位数量等基本信息；99.26%的县（市、区）政府及时公开了本行政区域养老机构评估事项申请数量、评估总体结果和评估机构清单。

补贴发放情况方面，97.79%的县（市、区）政府定期公开了本行政区域各项养老服务扶持补贴申请数量，以及各项养老服务扶持补贴申请审核通过数量、申请审核通过名单及补贴金额、发放总金额；76.47%的县（市、区）政府定期公开了本区域经济困难老年人生活补贴、护理补贴、高龄津贴等各项老年人补贴申领数量、审核通过数量、审核通过名单以及各项补贴发放总金额。

14. 涉农补贴信息公开较为规范

评估结果显示，各县（市、区）政府均能够及时公开农机购置补贴、耕地地力补贴、高素质农民培育补贴、支持新型农业经营主体补贴相关的政策依据、申请指南、补贴结果、监督渠道；99.26%的县（市、区）政府及时公开了强制扑杀、强制免疫和养殖环节无害化处理补助相关的政策依据、申请指南、补贴结果、监督渠道。

15. 公共文化服务信息全面公开

评估结果显示，各县（市、区）政府均及时公开了本地区公共文化机构免费开放和特殊群体公共文化服务信息，包括机构名称、开放时间、机构地址、联系电话、临时停止开放信息等；各县（市、区）政府均动态发布了公益性文化活动信息，包括群众文化活动、文化展览讲座、非物质文化遗产展示传播活动等；各县

（市、区）政府均及时公开了本地区文物保护管理机构和博物馆名录。

16. 基层标准目录编制基本完成

评估结果显示，各县（市、区）政府均已编制完成24个领域的基层政务公开标准目录；95.59%的县（市、区）政府能够编制并发布交通运输、旅游、广播电视、统计、新闻出版版权、自然资源、水利等新增领域的基层政务公开标准目录。

（二）存在的问题

1. 部分行政执法统计年报发布不及时

《国务院办公厅关于全面推行行政执法公示制度执法全过程记录制度重大执法决定法制审核制度的指导意见》（国办发〔2018〕118号）明确要求，建立行政执法统计年报制度，地方各级行政执法机关应当于每年1月31日前公开本机关上年度行政执法总体情况有关数据。14.29%的省级行政执法主体、18.75%的市政府和33.09%的县（市、区）政府未于1月31日前公开本部门或本级所有行政执法主体上年度的行政执法统计年报。另外，43.75%的市政府和42.65%的县（市、区）政府未能够全面梳理并集中公开反不正当竞争相关的法规文件、涉及本地区的有关案件或典型案件和相关政策解读信息。

2. 行业帮扶政策公开力度有待进一步加大

《国务院办公厅关于印发2022年政务公开工作要点的通知》（国办发〔2022〕8号）明确提出，加大受疫情影响重的餐饮、住宿、零售、文化、旅游、客运等行业帮扶政策的公开力度，促进稳就业和消费恢复。评估结果显示，56.25%的市政府和38.24%的县（市、区）政府未能够集中梳理并分类发布受疫情影响重的餐饮、住宿、零售、文化、旅游、客运等行业帮扶政策。

3. 职业培训信息发布有待进一步规范

评估结果显示，29.41%的县（市、区）政府未持续动态公开本地区职业培训信息，或未全面公开培训项目、对象范围、培训内容、培训课时、授课地点、补贴标准、报名材料、报名地点（方式）、咨询电话等相关信息。

4. 老年人补贴信息公开不全面

根据《民政部办公厅关于印发社会救助和养老服务领域基层政务公开标准指引的通知》（民办函〔2019〕52号）要求，老年人补贴包括高龄津贴、养老服务补贴、护理补贴等。评估结果显示，23.53%的县（市、区）政府发布的老年人补贴信息未全面涵盖本区域经济困难老年人生活补贴、护理补贴、高龄津贴等各项老年人补贴。

5. 部分领域监督检查结果信息有待进一步细化和明确

评估发现，部分评估对象发布的药品零售经营、食品生产经营、旅游领域等监督检查结果，仅有开展检查的次数或查处案件的数量，未详细公开具体监督检查结果。

6. 旅游领域信息公开有待进一步归集整理

目前，全省基层政务公开标准化规范化目录编制工作已基本完成，各基层领域的信息是否能够按照相应的标准目录规范发布也成为衡量基层政府政务公开工作开展情况的重要标准。本次评估抽取了旅游领域，旨在检查各基层政府落实新增领域基层政务公开标准目录的情况。

评估结果显示，46.32%的县（市、区）政府未公开本地A级旅游景区名称、所在地、等级及评定年份的基本信息；50.74%的县（市、区）政府未公开本地A级旅游景区开放时间、联系电话及临时停止开放信息等旅游服务信息；52.94%的县（市、区）政府未公开本地A级旅游景区内的文物保护单位名称、等级及评定年份等基本信息；34.56%的县（市、区）政府未定期更新并公开本地区社旅行社名称、地址等基本信息；25%的县（市、区）政府未及时公开旅行社、导游、在线旅游经营者等监督检查信息。

第二节 依申请公开

向行政机关申请获取政府信息,是《条例》赋予公民、法人或者其他组织的权利,同时也充分满足了企业和公众对政府信息的特殊需求。本次评估依申请公开工作的重点在于各评估对象依申请公开办理渠道的畅通情况和答复规范性情况。本次评估中,评估工作组继续采用模拟暗访的方式,以公民的身份,通过互联网平台和邮政快递(EMS)方式向43个省直部门、单位,16个市政府(选取了2个市政府部门)和136个县(市、区)政府〔选取了2个县(市、区)政府部门〕发送了政府信息公开申请。

一 渠道畅通性

(一)主要工作成效

1. 互联网渠道全部畅通

评估结果显示,43个省直部门、单位,16个市政府,136个县(市、区)政府均在政府网站提供了互联网申请渠道,并在本机关政府信息公开指南中予以详细说明。评估工作组通过各评估对象政府网站设置的网上申请平台提交成功反馈信息或电子邮件发送成功提示信息确认，向所有评估对象均成功提交了政府信息公开申请，互联网渠道总体畅通率达到了100%。

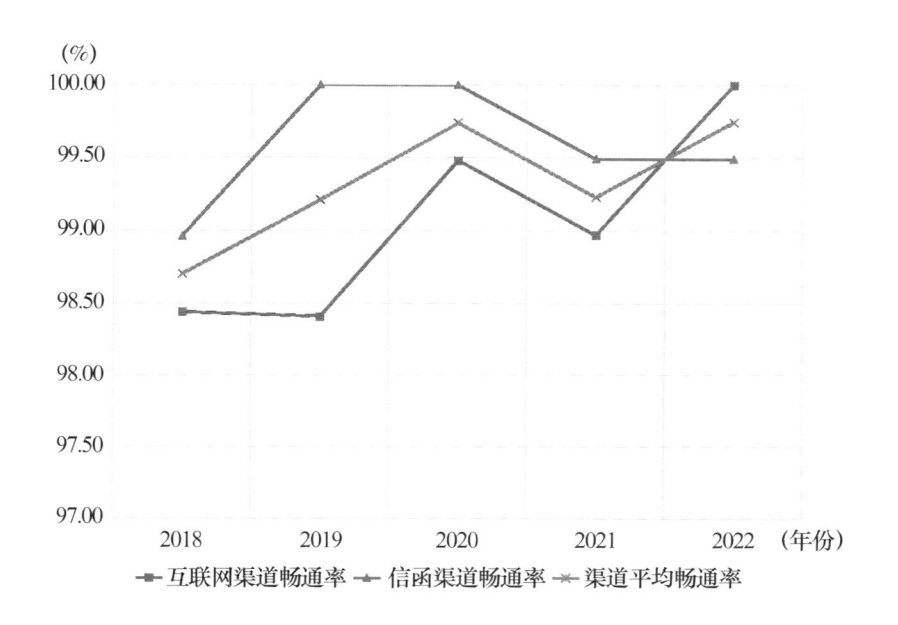

图3-1 近五年各评估对象的渠道畅通性情况

如图3-1所示，近五年，各评估对象的渠道平均畅通率均超过了98%，保持了较高的畅通率。其中，互联网渠道平均畅通率在波动中逐年上升，说明各评估对象不断完善政府网站互联网申请平台建设，优化平台功能，为申请人提交政府信息公开申请提供了极大的便利。

2. 信函渠道基本畅通

《国务院办公厅政府信息与政务公开办公室关于政

府信息公开申请接收渠道问题的解释》（国办公开办函〔2017〕19号）明确要求，"当面提交"和"邮政寄送"是政府信息公开申请的基本渠道。申请人通过这两种基本渠道提交的政府信息公开申请，行政机关不得以任何理由拒绝接收。

评估结果显示，43个省直部门、单位，16个市政府和136个县（市、区）政府均在政府信息公开指南中明确说明了邮政寄送方式申请政府信息的详细信息。评估工作组通过EMS快递跟踪查询系统确认，43个省直部门、单位，16个市政府部门和135个县（市、区）政府部门签收了寄送的政府信息公开申请，信函渠道总体畅通率达到了99.49%。

（二）存在的问题

1. 互联网申请渠道有待进一步规范

行政机关应当将本单位所开通的申请接收渠道及具体的使用注意事项，在政府信息公开指南中专门说明并向社会公告。评估发现，部分评估对象政府信息公开指南中关于申请接受渠道的说明与实际情况不符，如某县级政府在政府信息公开指南中未说明本机关接收互联网渠道的申请，但实际却开通了在线申请平台，并在门户网站"政务公开"频道页提供了链接；个别评估对象存在互联网申请多平台的情况，如某县级政府的政府信息公开指南中提供了互联网申请平台的链接，但该平台所列申请受理部门并未保护申请人要申请的部门，而通过政务服务平台中的"信息公开"却能够成功向该部门发送政府信息公开申请。

2. 信函退件问题依然存在

如图3-1所示，2018—2021年，信函渠道平均畅通率均高于互联网渠道，2022年首次出现信函渠道平均畅通率低于互联网渠道的情况。究其原因，主要在于部分评估对象由于工作人员专业水平不足，连续两年都出现了信函退件的现象，导致信函渠道申请无法成功发送，如某区政府部门以本机关不受理此项业务为由，直接将EMS邮件退回给了申请人。

二 答复规范性

（一）主要工作成效

1. 多数评估对象普遍能够在规定时限内容答复

互联网渠道方面，40个省直部门、单位，16个市政府和128个县（市、区）政府在规定时限内答复了申请，互联网渠道按时答复率分别为93.02%、100%和94.12%。

信函渠道方面，42个省直部门、单位，15个市政府和117个县（市、区）政府在规定时限内答复了申请，信函渠道按时答复率分别为 97.67%、93.75% 和 86.03%。

近五年各评估对象按时答复率情况如图 3-2 所示，平均按时答复率基本维持在 80% 以上。相较于 2021 年，2022 年，互联网渠道和信函渠道的平均按时答复率均有较为明显的下降。究其原因，客观上，2022 年下半年受新冠疫情影响，各评估对象未能够及时处理收到的政府信息公开申请，造成未能按时答复；主观上，各评估对象具体工作人员由于专业水平不足，或是人员变动频繁，不了解政府信息公开申请的受理和处理程序，导致不能及时答复，如某县政府部门工作人员在收到申请两个月后，致电申请人，称刚刚登录互联网申请平台查询到涉及本部门的申请。

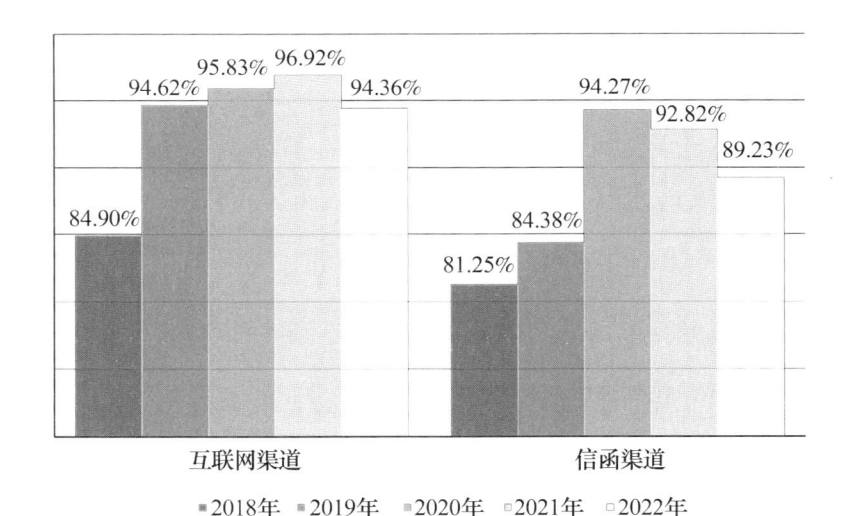

图 3-2 近五年各评估对象按时答复率情况

互联网渠道：2018年 84.90%、2019年 94.62%、2020年 95.83%、2021年 96.92%、2022年 94.36%

信函渠道：2018年 81.25%、2019年 84.38%、2020年 94.27%、2021年 92.82%、2022年 89.23%

2. 多数评估对象能够出具规范的政府信息公开告知书

互联网渠道方面，42个省直部门、单位，15个市政府部门和127个县（市、区）政府部门向评估工作组出具了政府信息公开告知书，分别占比97.67%、93.75%和93.38%。其中，37个省直部门、单位，14个市政府部门和116个县（市、区）政府部门能够在告知书中明确告知完整的救济渠道，包括救济时限、救济机关名称和地址等，在全部受评估政府部门中分别占比86.05%、87.50%和85.29%。

信函渠道方面，40个省直部门、单位，15个市政府部门和98个县（市、区）政府部门向评估工作组出具了政府信息公开告知书，分别占比93.02%、93.75%和72.06%。其中，35个省直部门、单位，14个市政府部门和87个县（市、区）政府部门能够在告知书中明确告知完整的救济渠道，包括救济时限、救济机关名称和地址等，分别占比81.40%、87.50%和63.97%。

（二）存在的问题

1. 部分评估对象未能够在规定时限内答复

评估结果显示，5.64%的评估对象未能够在规定时限内答复通过互联网渠道提出的申请，10.77%的评估对象未能够在规定时限内答复通过信函渠道提出的申请。在评估工作结束时，评估工作组通过互联网形式提交的申请，在个别评估对象政府网站互联网申请平台中的状态仍显示为"未处理"或"等待受理"。

2. 个别评估对象仍然设置了不必要的限制

评估发现，部分评估对象的互联网申请平台仍然将上传所申请政府信息用途的证明材料作为必填项；评估工作组以公民身份申请，部分评估对象仍然电话告知申请人，需要所在单位开具所申请政府信息用途的证明材料，否则不予提供。

3. 部分评估对象仅是答复了申请的问题，未提供政府信息公开告知书

评估发现，部分评估对象在收到政府信息公开申请后，仅是电话或按照申请人的要求通过电子邮件答复了申请内容，但却未能出具规范的政府信息公开告知书。

4. 部分评估对象所出具政府信息公开告知书内容不规范

评估结果显示，1个市政府部门在所出具的政府信息公开告知书中所引用的法律依据为修订前的《条例》相关条款；评估工作组通过邮政快递EMS向评估对象提交了政府信息公开申请，但4个省直部门、单位和1个县（市、区）政府部门所出具的政府信息公开告知书中却显示"收到互联网渠道提交的政府信息公开申请"。

另外，互联网渠道方面，5个省直部门、单位，1个市政府部门和11个县（市区）政府部门在所出具的政府信息公开告知书中未明确救济渠道，或是救济时限、救济机关名称和地址等要素不完整；信函渠道方面，5个省直部门、单位，1个市政府部门和11个县（市区）政府部门在所出具的政府信息公开告知书中未明确救济渠道，或是救济时限、救济机关名称和地址等要素不完整。

第三节　政策解读

"政策解读"指标包括"解读发布平台""解读质量""解读形式"3项二级指标，主要评估各评估对象对重要政策的解读情况和政策咨询服务情况。为进一步提升解读质量，推进智能化政策问答平台建设，本次评估增加了解读质量和问答式解读的指标。

一　解读发布平台

（一）主要工作成效

解读回应是政府网站的主要功能之一，《政府网站发展指引》明确要求，政府网站应做好政策文件与解读材料的相互关联，在政策文件页面提供解读材料页面入口，在解读材料页面关联政策文件有关内容。

评估结果显示，所有评估对象均在政府网站设置了政策解读专栏，集中发布本机关重要政策解读材料；76.74%的省直部门、单位，87.50%的市政府和84.56%的县（市、区）政府既在政策文件页面提供了解读材料页面入口，又在解读材料页面关联了政策文件有关内容，该项指标得分情况相较于往年有所提升。

另外，各评估对象普遍建立了政策问答平台，针对政策文件高频问题的解答材料，亦能起到帮助企业和公众更好地理解政策内容的作用。评估发现，部分评估对象在实现解读材料与政策文件相互关联的基础上，通过全面梳理政策问答平台与政策文件相关的高频问题解答，进一步实现了政策问答与政策文件的相互关联。

（二）存在的问题

评估发现，23.26%的省直部门、单位，12.50%的市政府和15.44%的县（市、区）政府在政策文件页面未提供解读材料页面入口或在解读材料页面未关联政策文件有关内容，还有少数评估对象在政策文件或解读材料页面内提供的相关入口链接不可用或不准确。

二 解读质量

（一）主要工作成效

1. 多数评估对象能够及时开展重要政策解读

2022年，各评估对象积极围绕激发市场活力、减税降费、扩大有效投资、疫情防控和复工复产、稳就业保就业、优化营商环境、稳住宏观经济大盘等方面，积极开展本地区、本领域重要政策解读工作。评估结果显示，79.07%的省直部门、单位，87.50%的市政府和89.71%的县（市、区）政府基本做到了对重要政策的"应解读、尽解读"。

同时，为保证政策解读的时效性，保障解读效果，解读材料应于政策文件公开后3个工作日内公开。评估结果显示，79.07%的省直部门、单位，75.00%的市政府和92.65%的县（市、区）政府能够严格规范解读材料发布时间，确保解读材料在相应政策文件公开后3个工作日内发布，相较于往年有所提升。

2. 解读材料内容全面、针对性强

为全面提升解读工作质量，政策解读应更加注重对政策背景、出台目的、重要举措等方面的实质性解读。评估结果显示，95.34%的省直部门、单位，68.75%的市政府和57.35%的县（市、区）政府在解读材料中基本能够对政策背景、决策依据、出台目的、重要举措等进行全面阐释。同时，多数评估对象还能够结合政策文件具体内容特点有针对性、有重点地开展解读。

（二）存在的问题

1. 部分政策解读材料未及时发布

评估发现，20.93%的省直部门、单位，12.50%的市政府和10.29%的县（市、区）政府未能做到对重要政策的"应解读、尽解读"，个别评估对象还存在重要政策解读比例过低的问题。

同时，20.93%的省直部门、单位，25.00%的市政府和7.35%的县（市、区）政府存在解读材料发布时间与政策文件发布时间间隔超过3个工作日的情况，个别评估对象还出现了解读材料发布时间远早于政策文件成文日期、发布日期的现象。

2. 部分解读材料的内容较为简略

政策解读只有做到全面、详尽、准确，才能帮助社会公众更好地理解政策内容。评估发现，部分评估对象针对重要政策配发的解读材料的内容较为简略，如某县发布的《某县人民政府办公室关于印发某县对外贸易创新发展行动实施方案的通知》的文字解读材料，在简要描述政策背景和决策依据之后，仅用一句话"高度概括"了两千多字的文件主要内容，难以起到帮助社会公众理解政策内容的作用。

3. 解读材料与政策文件重复度较高的现象仍然存在

解读材料要有针对性、有重点,不能简单地用复制摘抄文件内容或者制作文件精简版等方式进行解读。评估发现,与往年相同,部分评估对象仍然存在解读材料与政策文件重复度较高的现象,如某县发布的《某县人民政府关于印发某县残疾人事业发展"十四五"规划的通知》的解读材料基本为政策文件的简版,对政策背景、主要内容的解读更是完全复制摘抄政策文件原文,严重影响了政策解读的效果。

三 解读形式

(一)主要工作成效

1. 多样化、多角度解读成效显著

丰富解读形式、解读角度,对重要政策进行立体式、多方位解读,才能真正让群众看得懂、记得住、信得过、用得上。评估结果显示,46.51%的省直部门、单位,87.50%的市政府和67.65%的县(市、区)政府能够结合社会公众政策理解需求,积极运用文字文稿、图片图表、音频视频、H5动画、卡通动漫等多种形式开展解读;60.47%的省直部门、单位,81.25%的市政府和21.32%的县(市、区)政府能够选取文件起草部门、主要负责人、专家、媒体等多个角度，为重要政策配发多份既准确权威又生动易懂、既全面阐释又各有侧重的解读材料。

其中，省司法厅推出"法在你身边"情景剧系列解读，发布了"好心让搭车，搭乘人受伤，司机担责吗？""使用他人照片制造网络谣言，侵犯肖像权吗？"等剧目，结合案例分析、专家点评，鲜活生动地宣传解读法律法规；烟台市推出的"建烟显策·'一把手'解读政策"专题采访视频，由市级部门、单位主要负责人围绕"稳经济促发展若干政策措施解读""职工医保普通门诊政策解读"等主题系列政策及政策执行情况开展解读，帮助社会公众系统理解主题政策，赢得群众理解和支持。

2. 政策咨询问答服务持续优化

优化政策咨询问答服务，解答好与人民群众切身利益密切相关的政策问题，有助于增强政策解读效果、提高政策公开质量。评估结果显示，68.75%的市政府和58.82%的县（市、区）政府在政府网站新建立了功能较为完善且内容持续更新的智能化政策问答平台，围绕高频政策咨询事项，依托政策问答库，对社会公众政策问题予以多形式解答。

其中，青岛市梳理了2016年以来现行有效政策以及企业群众日常高频咨询事项，在门户网站建立了政策问答平台，汇聚了覆盖全市36个部门、10个区（市）各项现行有效惠民利企政策，涉及城乡建设、文化体育、医疗卫生等22个主题领域的5600余条政策问答，提供了可采用文字、图解、视频等多种形式进行24小时实时智能答问的"政策chat"智能咨询机器人，显著提高了社会公众获取政策信息、理解政策内容的便利度和实效性。

（二）存在的问题

1. 政策解读形式主义问题仍然存在

对重要政策开展立体式、多方位解读需要充分发挥不同解读形式、解读主体的独特优势，形成各有所长、各有所重的解读矩阵，让公众更容易读懂政策。

评估发现，部分评估对象发布的多形式、多角度解读材料存在内容高度重复、角度特征模糊等形式主义问题，如部分评估对象发布的图解仅是在文字解读的基础上增加图片背景，发布的视频解读、动画解读、H5动漫解读也仅是对图解单纯的分割或配合少量动画效果的播放；部分县（市、区）政府发布的文件起草部门解读、主要负责人解读、专家解读和媒体解读等多角度解读材料的内容高度重复；部分评估对象发布的专家解读材料未注明专家身份信息、或实为文件起草部门内部工作人员解读；部分评估对象发布的媒体解读材料未注明来源媒体、或实为本级政府或文件起草部门政府网站、政务新媒体发布的部门解读材料，严重影响了政策解读的效果。

2. 部分评估对象的政策问答平台仍需进一步完善

评估结果显示，31.25%的市政府和41.18%的县（市、区）政府在政府网站建立的政策问答平台存在高频政策咨询事项覆盖度较低或解答形式以单一文字解答为主的问题，仍需进一步运用人工智能等技术手段、依托政策问答库加以丰富、完善。少数评估对象直接将互动交流平台内实时智能答问板块标注为政策问答平台，但平台功能极不完善，或是答复内容与政策问答相关度较低。

第四节 公众参与

公众参与指标主要包括重大决策、重大会议、建议提案办理、互动交流4项二级指标，重点评估各评估对象年内开展公众参与活动情况。

一 重大决策

（一）主要工作成效

1. 重大行政决策事项目录管理更加规范

2022年6月，省司法厅印发了《山东省重大行政决策事项目录管理办法》，明确重大行政决策事项目录编制程序和要点。省政府门户网站上线了"重大行政决策预公开"专栏，集中发布重大行政决策事项公开征求意见情况。各市政府和各县（市、区）政府均发布了本级2022年度重大行政决策事项目录，全面落实重大行政决策事项目录制度。

2. 重大行政决策实现全过程归集展示

评估结果显示，各级政府均实现了本级年度重大行政决策事项全过程归集展示。其中，87.50%的市政府和87.50%的县（市、区）政府在门户网站以事项目录超链接方式归集展示决策草案全文、草案解读说明、公众意见建议收集和采纳情况、决策会议审定情况、决策执行情况等信息；56.25%的市政府和55.88%的县（市、区）政府还视情公开决策事项的重大决策风险评估、专家论证、后评估等信息。

3. 决策草案征求公众意见情况公开较好

各评估对象普遍在政府网站建立了意见征集、调查征集等决策预公开类栏目，集中发布决策草案征求意见情况，并随决策草案公开征求意见的电子邮箱、互联网平台、联系电话、邮寄地址等意见征集渠道。63.64%的省直部门、单位，68.75%的市政府和91.18%的县（市、区）政府在决策草案征求意见结束后，能够及时反馈意见征集结果，并对主要采纳意见和不采纳意见理由进行说明。部分评估对象还在意见征集栏目或征集公告中明确了征集状态。

（二）存在的问题

1. 决策草案解读仍需进一步加强

评估结果显示，54.55%的省直部门、单位，68.75%的市政府和57.35%的县（市、区）政府在发布决策草案公开征求公众意见时，未同步发布草案解读说明，或是草案解读说明内容较为简单，如部分评估对象仅在草案解读说明中说明了决策草案的起草依据、起草过程，或摘抄了决策草案的小标题。

2. 部分决策草案征集意见反馈情况不够全面

评估发现，部分评估对象在征求意见结束后，仅反馈了意见收集的情况，未反馈意见采纳情况以及不采纳意见理由。

二 重大会议

（一）主要工作成效

评估结果显示，所有省直部门、单位均能够常态化公开部门办公会议题和相关内容；各市政府和各县（市、区）政府也均公开了本级政府常务会议、全体会议有关议题和相关内容。其中，72.09%的省直部门、单位，100%的市政府和99.26%的县（市、区）政府能够提供会议速读版或一图读懂等相关图解。

（二）存在的问题

政府有关会议议题解读有待进一步提升。政府常务会议、部门办公会议等政府有关会议精神的解读，是解读回应工作的重要部分之一。评估结果显示，72.09%的省直部门、单位，43.75%的市政府和65.44%的县（市、区）政府未对议题开展解读，或是仅关联公开了议定事项文件和解读材料，未进一步对相关议题开展深层次解读或关联相关媒体解读评论内容。

三 建议提案办理

（一）主要工作成效

1. 建议提案办理相关专题专栏建设情况较好

办理人大代表建议和政协委员提案，是政府听取民意、接受人民监督的内在要求，是科学民主决策、改进工作、凝聚共识的重要举措。评估结果显示，省直各部门、单位，各市政府和各县（市、区）政府均在政府网站建立了建议提案办理结果公开相关专题专栏，集中发布人大代表建议、政协提案的办理结果。

2. 建议提案办理总体情况能够及时反馈

《山东省人民政府办公厅关于做好人大代表建议和

政协提案办理结果公开工作的通知》（鲁政办字〔2016〕63号）明确要求，应适当公开本单位办理建议和提案总体情况、人大代表和政协委员意见建议吸收采纳情况、有关工作动态等内容。评估结果显示，83.72%的省直部门、单位，93.75%的市政府和98.53%的县（市、区）政府发布了本部门或本级政府2022年度建议提案办理的总体情况和吸收采纳情况。

（二）存在的问题

各级政府普遍采用建立专题专栏形式集中公开本级政府部门建议提案办理结果，且办理结果信息数量逐年增加，一定程度上给社会公众的查询和获取带来了诸多不便。评估发现，部分评估对象政府网站相关专题专栏未设置高级检索功能，很难具体定位到要检索的建议提案办理结果信息；23.26%的省直部门、单位，18.75%的市政府和25.74%的县（市、区）政府发布的建议提案办理结果信息标题仅以相关会议或建议提案编号命名，难以快速了解建议提案主题内容。

四 互动交流

（一）主要工作成效

1. 互动交流平台功能普遍较为完善

评估结果显示，各评估对象均能够在政府网站建立统一的互动交流平台，基本实现了留言评论、在线访谈、征集调查、咨询投诉等功能。对于简单常见咨询问题，基本能够在 5 个工作日内予以答复。

2. 咨询建议栏目内容公开较为全面

评估结果显示，各评估对象普遍能够公开咨询建言类栏目的留言时间、答复时间、答复单位、答复内容等内容。

（二）存在的问题

《国务院办公厅秘书局关于印发政府网站与政务新媒体检查指标、监管工作年度考核指标的通知》（国办秘函〔2019〕19 号）中将公开留言受理反馈情况统计数据作为政府网站的检查指标之一。评估结果显示，13.95% 的省直部门、单位未公开 2022 年度留言受理反馈情况统计数据。

第五节　监督保障

"监督保障"指标主要包括"平台建设""机制建设"2 项二级指标，重点评估渠道覆盖、政府网站、政务新媒体、政府公报的建设情况，主动公开基本目录和政务公开业务培训情况，以及政府信息公开工作年度报告的编发情况。

一 平台建设

（一）主要工作成效

1. 政府信息公开指南普遍明确了主动公开渠道信息

评估结果显示，所有评估对象均能够在政府信息公开指南中说明本部门对外主动公开政府信息的平台渠道情况，其中，81.40%的省直部门、单位，100%的市政府和95.59%的县（市、区）政府所公开的咨询电话在办公时间内能够保持畅通；所有评估对象均提供了网站或专栏网址、新媒体平台和账号名称、客户端下载链接、政府公报专栏链接，以及政府信息查阅场所的地理位置、联系方式、开放时间等详细信息。

评估结果显示，所有市政府和85.29%的县（市、区）政府在政府信息公开指南中进一步细化明确了本级政府公报的查阅方式，包括赠阅点地址、联系方式、开放时间以及获取查阅方式等。

2. 政府网站功能持续优化

2022年，各评估对象不断加强政府网站建设和管理，及时更新维护网站主要页面、栏目，着力解决网站安全、泄密事故、严重表述错误、断错链等问题，取得了良好成效。

站内检索方面，各级政府网站应根据用户真实需求调整搜索结果排序，提供多维度分类展现，聚合相关信息和服务，实现"搜索即服务"。评估结果显示，90.70%的省直部门、单位，100%的市政府和100%的县（市、区）政府门户网站站内搜索结果实现了分类展现；87.50%的市政府和70.59%的县（市、区）政府能根据搜索关键词聚合相关信息和服务功能，实现"搜索即服务"。

适老化和无障碍改造方面，62.50%的市政府和69.85%的县（市、区）政府的门户网站提供了页面视图切换、配色、辅助线定位、页面尺寸调整、大字幕、大鼠标、大字间距、大界面、读屏等无障碍及适老化功能，并在首页显著位置提供长者专区，集中提供老年人相关的信息和服务。

3. 政务新媒体管理和运维水平显著提升

各评估对象普遍开通了政务微博、微信等政务新媒体，围绕本职工作做好政策发布、解读以及原创信息发布等工作，并整合了政府网站入口、办事服务、便民查询和互动交流等功能。其中，67.44%的省直部门、单位，81.25%的市政府和86.76%的县（市、区）政府能够及时更新本机关政务新媒体的消息信息和视频号信息。

4. 全省三级政府公报体系基本形成

评估结果显示，所有市政府和县（市、区）政府均能够定期出版发行政府公报，并在政府门户网站政府公报专栏中提供历史政府公报的目录导航和内容检索服务功能。

（二）存在的问题

1. 政府网站站内检索智能化水平有待进一步提升

《政府网站发展指引》明确提出，要优化政府网站搜索功能，提供错别字自动纠正、关键词推荐、拼音转化搜索和通俗语言搜索等功能。评估结果显示，79.07%的省直部门、单位，93.75%的市政府和90.44%的县（市、区）政府网站的站内检索未能够全面提供错别字自动纠正、关键词推荐、拼音转化搜索和通俗语言搜索等功能。

2. 部分政府网站的适老化改造不够全面

评估结果显示，37.5%的市政府和33.09%的县（市、区）政府未在门户网站首页显著位置提供长者专区，或者提供了长者专区但未在专区内集中提供老年人相关的信息和服务内容。

3. 部分政务新媒体内容更新不及时

评估结果显示，各评估对象基本能够及时更新机关政务新媒体的消息信息，其中，32.56%的省直部门、单位，18.75%的市政府和13.24%的县（市、区）政府在政务微信上开通了视频号，但未能够及时更新有关视频信息。

4. 部分政府公报专栏内容检索功能有待进一步优化

评估结果显示，13.24%的县（市、区）政府门户网站政府公报专栏的内容检索功能不可用或搜索结果不准确，需进一步优化历史公报的内容检索服务。

二　机制建设

（一）主要工作成效

1. 主动公开基本目录体系持续完善

目前，山东省已经构建了省、市、县、乡四级主动公开基本目录体系，并持续更新调整和完善。评估结果显示，90.70%的省直部门、单位，所有市政府和县（市、区）政府均及时更新了本部门或本级政府的主动公开基本目录。部分市政府和县（市、区）政府还建立了专题专栏，集中公开本级政府部门和所辖乡镇（街道）的主动公开基本目录。

2. 政务公开业务培训常态化开展

评估结果显示，所有评估对象均及时发布了本级政府或本部门2022年度政务公开业务培训计划，并能够按照计划有序开展或参加相关政务公开业务培训。特别是2022年下半年，由于受新冠疫情影响，部分评估对象积极通过视频会议形式组织开展政务公开有关业务培训。

3. 政府信息公开工作年度报告内容较为全面

为全面掌握各级各部门政府信息公开工作年度报告的编发质量情况，本次评估除评估各级政府的年度报告外，还在各市政府和各县（市、区）政府随机抽取了一个部门的年度报告进行评估。

评估结果显示，所有评估对象均能够按照规定时限要求，及时发布本机关政府信息公开工作年度报告；87.50%的市政府及其部门和86.76%的县（市、区）政府及其部门发布的年度报告中，详细说明了本部门或本地区主动公开、依申请公开、政府信息管理、政府信息公开平台建设、监督保障等情况；93.75%的市政府及其部门和96.32%的县（市、区）政府及其部门主动公开政府信息情况数据统计规范、准确；93.75%的市政府及其部门和89.71%的县（市、区）政府及其部门收到和处理政府信息公开申请情况数据统计规范、准确，且钩稽关系正确；93.75%的市政府及其部门和72.79%的县（市、区）政府及其部门详细说明了本部门或本地区政府信息公开工作中存在的主要问题及改进情况；100%的市政府及其部门和93.38%的县（市、区）政府及其部门详细说明了本部门或本地区依据《政府信息公开信息处理费管理办法》收取信息处理费的情况。

（二）存在的问题

1. 部分主动公开基本目录的公开内容或时限不细化、不明确

评估结果显示，65.12%的省直部门、单位，37.50%的市政府和43.38%的县（市、区）政府所发布的主动公开基本目录中，公开内容或公开时限不细化、不明确。如部分省直部门、单位的主动公开基本目录缺少"公开方式"；某县级政府主动公开基本目录中，"行政执法公示"的公开内容描述为"事前公开""事后公开"，未进一步细化事前和事后公开的具体内容；某省直部门主动公开基本目录中，"处罚强制"事项中的"具有一定社会影响的行政处罚决定"的公开时限显示为"自形成或者变更之日起20个工作日内"。

2. 部分政府信息公开工作年度报告内容不规范、数据不准确

评估发现，部分评估对象年度报告的"总体情况"部分未能够按照主动公开、依申请公开、政府信息管理、政府信息公开平台建设、监督保障等进行说明；6.25%的市政府及其部门和10.29%的县（市、区）政府及其部门收到和处理政府信息公开申请情况数据统计

不准确；6.25%的市政府及其部门和27.21%的县（市、区）政府及其部门年度报告中"存在的主要问题及改进情况"与往年高度雷同。

第四章　深化政务公开工作的建议

2023年是全面贯彻党的二十大精神的开局之年，要坚持围绕中心、服务大局，持续提升政务公开标准化、规范化和信息化水平，助力打造法治政府、服务型政府、效能政府、数字政府、廉洁政府，为新时代社会主义现代化强省建设凝聚团结向上的磅礴力量。重点从以下五个方面，进一步深化政务公开工作。

第一节　聚焦政务信息管理，持续深化主动公开工作

各级、各部门要把政策公开作为政务公开工作的重中之重，以规章、行政规范性文件为重点，加强政府信息资源的规范化、标准化、信息化管理，切实发挥政务公开推动政策落实的功能作用。持续深化全省统一政府文件库建设，严格核查入库文件的质量，真

正实现全省政策的分类分级、集中统一、共享共用和动态更新。聚焦企业痛点、难点、堵点问题，探索以企业"点餐"、政府"配餐"的方式，依托相关惠企服务平台，加强政策精准公开。优化政策智能推送服务，变"人找政策"为"政策找人"。根据规章、行政规范性文件的立、改、废情况，及时做好文件入库后的清理和有效性标注工作。加快推进政策发布数字化转型，构建以网上发布为主、其他发布渠道为辅的政策发布新格局。建立健全常态化政策评价机制，围绕执行标准、适用范围、使用情况、取得成效、存在问题等，通过征集调查、专题座谈、第三方评估、网络问政等方式开展实施效果评价，全面掌握政策落地情况。围绕惠农资金补助发放、房屋征收安置补偿方案等关系人民群众特别是基层群众切身利益的事项，通过分配结果公示与存档备查相结合等方式，加强对小微权力运行的监督。深入推进公共企事业单位信息公开，逐步扩大适用领域范围，重点加强业务主管部门的纵向指导和业务培训。强化属地管理，各市、县政府要加大调度督导力度，定期对公共企事业单位信息公开开展专项考核评议。

第二节　着眼稳定市场预期，持续提升解读回应质效

当前，国内外形势依然复杂严峻，经济稳增长压力较大，更需要通过加强政策解读和舆论引导，稳定市场预期。各级、各部门要将政策解读作为文件审签的重要一环，政策无解读不运转、解读质量低不运转。进一步深化解读内容，重点解读与企业、群众生产生活密切相关的具体条款和事项，突出核心概念、新旧政策差异、影响范围、管理执行标准及注意事项、惠企利民举措及享受条件等实质性内容，做好要点拆分、深度解读和综合指引。丰富解读形式和主体，根据政策文件的重要程度、影响范围和受众特点，以接地气、有温度的语言，合理运用图片图表、音频视频、H5 动画、卡通动漫、互动直播、短视频、现场宣讲等形式开展解读，让公众看得懂、记得住、信得过、用得上。适应不同类型新媒体平台传播特点，开发多样化政策解读产品。充分发挥专家学者、新闻评论员、媒体记者等不同解读主体优势，推进政策多角度解读常态化。进一步畅通政策咨询解答渠道，解答基层工作人员和社会公众提出的具体问题，帮助他们了解政策执行细节和办事细节，便于真正

执行好政策。持续优化各级政府门户网站智能化政策问答平台，依托围绕高频政策咨询事项组建起的知识库，以视频、图解、文字等形式予以解答。

第三节　围绕重大决策事项，持续加大公众参与深度

各级政府要坚持"应入尽入"的原则，在每年年初确定本级年度重大行政决策事项目录，并主动向社会公开。不断完善意见征集、草案解读、意见采纳、结果反馈的工作机制，按照决策事项推进流程，以超链接的方式，归集展示决策草案全文、草案说明、决策背景、公众意见建议收集和采纳情况、公众代表列席决策会议情况、决策结果等信息，视情公开重大决策风险评估、专家论证、效果评估等信息。常态化持续推进邀请利益相关方、群众代表、专家、媒体等列席政府常务会议、全体会议和部门办公会议，列席代表的意见发表和采纳情况要向社会公开。有条件的地区和部门，可以选取适当议题，对议题审议过程进行在线文字或视频直播。进一步加强对各级政府常务会议、全体会议有关议题和议定事项解读，推进政府有关决策会议的全方位、多角度公开。

第四节 树立融合发展理念，持续推进公开平台建设

深化政府网站集约化平台建设，持续推进省市平台互联互通，依托一体化大数据平台，实现数据资源整合共享。加快推进各级政府网站适老化与无障碍改造。进一步优化政府网站站内检索功能，提供错别字自动纠正、关键词推荐、拼音转化搜索和通俗语言搜索等功能，切实提升搜索服务体验感，为企业和公众提供更高效、精准、便捷的检索服务。健全政务新媒体全流程管理制度，强化政府信息公开功能，完善信息发布转载审核制度，推动政务新媒体健康有序发展。继续推进各级政府公报数据库建设，逐步实现省、市、县三级政府公报数据的互联互通。优化历史政府公报的目录导航和内容检索服务，推动公报数据与政务类移动端融合发展，提升"掌上公报"影响力。探索政府网站、政务新媒体、政府公报数据无缝交换，实现政府网站与政务新媒体信息同步发布、办事服务同质同效。

第五节　强化风险隐患意识，持续规范公开内容方式

随着互联网、大数据、云计算等信息技术的快速发展，通过对公开信息进行汇聚分析，获取涉密敏感内容已经不是难题。下一步，在推进政务公开工作的过程中，要将防风险作为政务公开工作的重要考量，统筹把握政务公开与安全保密，全面规范公开内容、方式。审慎权衡一些政府信息的公开对于公共利益的利弊，避免盲目性和随意性。准确把握不同类型公开要求，综合考虑公开目的、公开效果、后续影响等因素，科学合理确定公开方式。公开内容涉及社会公众利益调整、需要广泛知晓的，可通过互联网等渠道公开。公开内容仅涉及部分特定对象，或者相关规定明确要求在特定范围内公示的，要选择适当的公开方式。顺应数字化发展趋势，完善政府信息公开保密审查制度，明确审查内容、程序和责任，消除安全隐患，特别对公开后可能危及国家安全、公共安全、经济安全、社会稳定的政府信息，要更加注重严格审查标准。

下 篇

公共企事业单位
第三方评估报告

第五章 评估概况

第一节 评估工作

一 评估依据

评估依据包括但不限于:

✧《中华人民共和国政府信息公开条例》(中华人民共和国国务院令第711号)

✧《国务院办公厅关于印发〈公共企事业单位信息公开规定制定办法〉的通知》(国办发〔2020〕50号)

✧《国务院办公厅关于印发2022年政务公开工作要点的通知》(国办发〔2022〕8号)

✧《山东省人民政府办公厅关于印发2022年山东省政务公开工作要点的通知》(鲁政办发〔2022〕5号)

✧《国家卫生健康委 国家中医药局 国家疾控局关于印发医疗卫生机构信息公开管理办法的通知》(国

卫办发〔2021〕43号)

◆《国家卫生健康委办公厅关于印发医疗卫生机构信息公开基本目录的通知》(国卫办政务发〔2022〕1号)

◆《国家能源局关于印发〈供电企业信息公开实施办法〉的通知》(国能发监管规〔2021〕56号)

◆《住房和城乡建设部关于印发〈供水、供气、供热等公共企事业单位信息公开实施办法〉的通知》(建城规〔2021〕4号)

◆《公共交通企业信息公开规定》(中华人民共和国交通运输部令2022年第11号)

◆《高等学校信息公开办法》(中华人民共和国教育部令第29号)

◆《教育部关于公布〈高等学校信息公开事项清单〉的通知》(教办函〔2014〕23号)

◆《高等学校信息公开办法修订草案(征求意见稿)》

◆《山东省教育厅关于印发〈山东省中等及中等以下学校信息公开办法〉的通知》(鲁教办发〔2021〕3号)

二 评估对象

教育、卫生健康、供水、供电、供气、供热、公共交通等领域的省、市、县级公共企事业单位。

教育领域。随机抽取 15 所省属普通本科高校，4 所高等专科学校、高等职业学校，每个市分别随机抽取 2 所市属普通中小学和 1 所中等职业学校，每个县（市、区）随机抽取 1 所县（市、区）属普通中小学，共计 205 所学校，开展网上信息公开评估。

卫生健康领域。随机抽取 10 家省属医院，每个市随机抽取 1 家市属医院、1 家妇幼保健机构和 1 家疾病预防控制中心，每个县（市、区）随机抽取 1 家县（市、区）属医院和 1 家基层医疗卫生机构（无县〔市、区〕属医院的则抽取 2 家基层医疗卫生机构），共计 330 家医疗机构，开展网上信息公开评估；随机抽取 3 家省属医院，开展线下信息公开评估。

供水、供电、供气、供热领域。每个市随机抽取本地区供电、供水、供气、供热单位各 1 家，共计 64 家单位，开展网上信息公开评估。

公共交通领域。每个市随机抽取本地区 1 家城市公共交通运营企业或城市轨道交通运营企业、1 家道路班车客运或道路客运站运营企业，共计 32 家企业，开展网上信息公开评估。

三　评估方式

各领域公共企事业单位在公开内容、公开方式、公开渠道等方面具有较大的差异。本次评估采用线上和线下相结合的方式进行数据采集。

线上主要是通过查看各地区政府门户网站或行业主管部门网站有关专栏或系统、公共企事业单位官方网站、微信公众号、微信小程序、App 客户端等。

线下主要是采用现场实地调查的方式，由被抽取的省属医院各指定 1 名该院负责信息公开的工作人员，负责具体对接评估工作组人员，引导实地查看指标要求的相关公开事项。

四 评估时间

本次评估时间具体安排如下。

（一）指标制定与意见征集（2022 年 7 月 1 日—8 月 31 日）

评估工作组研究制定各领域公共企事业单位信息公开指标体系，形成《公共企事业单位信息公开第三方评估指标体系（征求意见稿）》，下发各市政府和省级有关行业主管部门充分征求意见，于 2022 年 8 月 31 日前正式下发。

（二）自查整改（2022 年 9 月 1 日—9 月 30 日）

各评估对象对照指标体系，对本单位信息公开工作进行自查，及时补齐工作中存在的短板和弱项，全面提升信息公开工作水平。

（三）数据采集（2022年10月1日—11月20日）[①]

评估工作组组织人员对照评估指标体系，查看各评估对象有关工作完成情况，并通过截取网站图片、拍摄现场照片等方式进行数据采集，并按照指标权重进行打分。

（四）汇总结果（2022年11月21日—12月20日）

评估工作组汇总各评估对象的数据采集结果和得分情况，并进行复核，形成各评估对象的总成绩和问题清单。

第二节 评估指标

一 教育领域

教育领域主要对高等学校、普通中小学和中等职业学校开展第三方评估工作。

（一）高等学校

《高等学校信息公开第三方评估指标体系》适用于大学、独立设置的学院、高等专科学校、高等职业学校和成人高等学校。评估指标体系采用三级树形结构，包

[①] 由于新冠疫情影响，数据采集工作从2022年10月1日开始启动，11月20日基本完成，但在2022年12月进行了部分数据的补充采集和数据核查工作。

括"基本信息""招生考试""财务、资产及收费信息""人事师资信息""教学质量""学生管理""应急管理""信息公开指南""学年信息公开工作年度报告"等9项一级指标,具体指标内容见表5-1。

表5-1　　高等学校信息公开第三方评估指标体系

一级指标	二级指标	三级指标
基本信息	基本简介	是否公开学校名称、办学地点、办学性质、办学宗旨、办学层次、办学规模、学科与专业设置,专业情况、各类在校生情况、教师和专业技术人员数量等
	领导信息	是否公开本校校级领导班子简介及分工
	机构设置	是否公开本校党政管理、教学科研、服务支撑等机构设置情况
	规章制度	是否公开学校章程以及学校制定的各项规章制度
	规划计划	是否公开本校课程与教学计划
		是否公开学校发展规划和年度工作计划
招生考试	招生计划	是否公开本校招生章程及特殊类型招生办法,分批次、分科类招生计划
	录取结果	是否公开考生个人录取信息查询渠道和办法,分批次、分科类录取人数和录取最低分
	咨询申诉	是否公开招生咨询及考生申诉渠道,新生复查期间有关举报、调查及处理结果
财务、资产及收费信息	管理制度	是否集中公开本校财务、资产管理制度
	受捐赠财产	是否公开受捐赠财产的使用与管理情况
	采购信息	是否公开仪器设备、图书、药品等物资设备采购和重大基建工程的招投标
	2022年预算	是否公开收支预算总表、收入预算表、支出预算表、财政拨款支出预算表

续表

一级指标	二级指标	三级指标
财务、资产及收费信息	2021年决算	是否公开收支决算总表、收入决算表、支出决算表、财政拨款支出决算表
	收费信息	是否公开收费项目、收费依据、收费标准及投诉方式
人事师资信息	岗位管理	是否公开本校岗位设置管理与聘用办法
	人事信息	是否公开校内中层干部任免、人员招聘信息
	争议解决	是否公开本校教职工争议解决办法
教学质量	就业指导	是否公开促进毕业生就业的政策措施和指导服务
	毕业生情况	是否公开本校毕业生的规模、结构、就业率、就业流向
	就业质量	是否公开高校毕业生就业质量年度报告
	艺术教育发展年报	是否公开本校艺术教育发展年度报告
	本科教学质量报告	是否公开本校本科教学质量报告
学生管理	学籍管理	是否公开本校学籍管理办法
	奖助学金	是否公开本校学生奖学金、助学金、学费减免、助学贷款、勤工俭学的申请与管理规定
	奖励处罚	是否公开本校学生奖励处罚办法
	学生申诉	是否公开本校学生申诉办法
应急管理	突发事件应急	是否及时公开本校突发事件的应急处理预案、处置情况，涉及学校的重大事件的调查和处理情况
信息公开指南	是否发布	是否发布本校信息公开指南
	指南内容	指南内容是否涵盖本校信息的分类、获取方式、信息公开工作机构等内容
学年信息公开工作年度报告	发布时效	是否在2022年10月底前发布2021—2022学年本校信息公开工作年度报告

续表

一级指标	二级指标	三级指标
学年信息公开工作年度报告	报告内容	概述部分是否明确本学年度学校信息公开工作开展的总体情况
		主动公开情况是否明确通过学校网站、校报校刊、新闻发布会、微博、微信等形式主动向校内和社会公开信息的情况及相关统计数据
		依申请公开和不予公开情况是否明确学校受理、答复师生和公众信息公开申请的情况以及依申请公开的收费、减免情况及相关统计数据
		对信息公开的评议情况是否明确本校师生员工和社会公众对学校信息公开工作进行的评价情况
		是否说明因学校信息公开工作遭到举报的情况
		是否说明信息公开工作主要经验、存在的问题和改进措施

（二）普通中小学

《普通中小学信息公开第三方评估指标体系》适用于普通小学、初级中学和高级中学等基础教育学校。评估指标体系采用三级树形结构，包括"学校概况""规划统计""财务信息""招生录取""教育教学""教师管理""学生管理""体育美育""校园安全""信息公开咨询指南"等10项一级指标，具体指标内容见表5-2。

表 5-2　　　　　普通中小学信息公开第三方评估指标体系

一级指标	二级指标	三级指标
学校概况	基本简介	是否公开本校办学性质、主管部门、办学地点、联系方式、办学规模、办学条件、办学特色、师资水平、荣誉奖励、历史沿革
	领导信息	是否公开学校领导班子成员姓名、职务、简历、分工
	机构设置	是否公开本校内设管理机构的名称、职能、联系电话
	规章制度	是否集中公开本校现行有效的学生管理、教师管理、财务管理、教学管理、考试管理等方面的规章制度
规划统计	规划计划	是否公开本校综合、专项发展规划
		是否公开本校 2021—2022 学年度（或学期）工作计划或重点工作任务
		是否及时公开各项规划、计划、任务的执行情况、完成情况
	统计数据	是否公开学校在校生数据、教师数据、办学条件数据等年度统计数据
财务信息	预决算信息	是否及时公开学校 2022 年经费预算信息和 2021 年决算信息
	采购信息	是否及时公开本校大宗物资采购信息和重大基建工程招投标信息
	收费信息	是否公开学校的收费（含代收费）项目、收费标准和收费依据
招生录取	招生信息	是否及时公开本校招生范围、招生计划、招生程序、招生条件、咨询电话、救济途径等信息
	录取信息	是否及时公开 2022 年度招生结果
教育教学	教学信息	是否公开本校教学计划、教学活动等信息
	教材教辅	是否公开本校教科书和教辅材料选用、使用目录信息
	教研信息	是否公开教学研究活动、成果等信息

续表

一级指标	二级指标	三级指标
教师管理	教师招聘	是否及时公开（或转发）本校的教师招聘计划
		是否及时公开（或转发）本校教师招聘的拟聘用人员名单
	评先树优	是否及时公开对教师县级（含）以上各类评先树优、表彰奖励等的拟推荐人员名单
学生管理	学生资助	是否集中整理并公开适用于本校的学生资助政策、申请指南等
	评先树优	是否及时公开对学生县级（含）以上各类评先树优、表彰奖励等的拟推荐人员名单
体育美育	体育评价	是否集中公开学校体育课、体育训练、体育比赛、体育教师、体育场地、条件保障等体育工作自评结果
		是否编制并发布学校体育发展年度报告，重点反映体育教学改革、体育教师配备、体育经费投入和体育场地设施、学生体质健康测试等方面的情况
	美育评价	是否编制并发布学校艺术课程、艺术活动、艺术教师、条件保障、特色发展及学生艺术素质测评等艺术教育工作自评结果
		是否编制并发布学校艺术教育发展年度报告，重点反映艺术课程建设、艺术教师配备、艺术教育管理、艺术教育经费投入和设施设备、课外艺术活动、校园文化艺术环境、重点项目推进以及中小学实施学校艺术教育工作自评制度等方面的情况
	劳动教育	是否及时公开劳动教育开展情况等相关信息
校园安全	安全制度	是否集中公开学校课堂教学安全管理、体育课安全管理、实验课（实践活动、实习实训）安全管理、食品安全管理、校车安全管理、校舍安全管理、消防安全管理、宿舍安全管理等各项安全管理制度
	应急预案	是否及时公开学校安全事件、自然灾害、卫生防疫等各项突发事件应急预案

续表

一级指标	二级指标	三级指标
信息公开咨询指南	是否发布	是否编制并发布本校信息公开咨询指南
	内容全面性	指南内容是否涵盖学校接受信息公开咨询的电话号码、接受咨询的时间，接受书面咨询的通信地址、邮政编码等信息

（三）中等职业学校

《中等职业学校信息公开第三方评估指标体系》适用于实施全日制中等学历教育的各类职业学校，包括普通中专、成人中专、职业高中、技工学校和高等院校附属的中专部、中等职业学校等。评估指标体系采用三级树形结构，包括"学校概况""规划统计""财务信息""招生录取""教育教学""教师管理""学生管理""体育美育""校园安全""信息公开咨询指南"等10项一级指标，具体指标内容见表5-3。

表5-3　　中等职业学校信息公开第三方评估指标体系

一级指标	二级指标	三级指标
学校概况	基本简介	是否公开本校办学性质、主管部门、办学地点、联系方式、办学规模、办学条件、办学特色、师资水平、荣誉奖励、历史沿革、专业设置及特色、学生就业情况
	领导信息	是否公开学校领导班子成员姓名、职务、简历、分工

续表

一级指标	二级指标	三级指标
学校概况	机构设置	是否公开学校内设管理机构的名称、职能、联系电话
	规章制度	是否集中公开学校现行有效的学生管理、教师管理、财务管理、教学管理、实习实训管理、考试管理等方面的规章制度
规划统计	规划计划	是否公开本学校综合、专项发展规划
		是否公开本校2021—2022学年度（或学期）工作计划或重点工作任务
		是否及时公开各项规划、计划、任务的执行情况、完成情况
	统计数据	是否公开学校在校生数据、教师数据、办学条件数据等年度统计数据
		是否公开学校年度质量报告
财务信息	预决算信息	是否及时公开学校2022年经费预算信息和2021年决算信息
	采购信息	是否及时公开本校大宗物资采购信息和重大基建工程招投标信息
	收费信息	是否公开学校的收费（含代收费）项目、收费标准和收费依据
招生录取	招生信息	是否及时公开本校招生范围、招生计划、招生程序、招生条件、咨询电话、救济途径等信息
	录取信息	是否及时公开2022年度招生结果
	就业信息	是否公开本校就业指导服务信息
		是否及时公开每届毕业生的规模、结构、去向、就业率等信息
教育教学	教学教研	是否公开本校专业设置与专业建设信息
		是否公开本校教学计划、教学活动等信息
		是否公开本校教学研究活动、成果等信息

续表

一级指标	二级指标	三级指标
教育教学	实习实训	是否公开本校实习实训信息
	校企合作	是否公开校企合作与产教融合信息
教师管理	教师招聘	是否及时公开本校的教师招聘计划
		是否及时公开本校教师招聘得拟聘用人员名单
	评先树优	是否及时公开对教师县级（含）以上各类评先树优、表彰奖励等的拟推荐人员名单
学生管理	学生资助	是否集中整理并公开适用于本校的学生资助政策、申请指南等
	评先树优	是否及时公开对学生县级（含）以上各类评先树优、表彰奖励、加分保送等的拟推荐人员名单
体育美育	体育评价	是否集中公开学校体育课、体育训练、体育比赛、体育教师、体育场地、条件保障等体育工作自评结果
		是否编制并发布学校体育发展年度报告，重点反映体育教学改革、体育教师配备、体育经费投入和体育场地设施、学生体质健康测试等方面的情况
	美育评价	是否编制并发布学校艺术课程、艺术活动、艺术教师、条件保障、特色发展及学生艺术素质测评等艺术教育工作自评结果
		是否编制并发布学校艺术教育发展年度报告，重点反映艺术课程建设、艺术教师配备、艺术教育管理、艺术教育经费投入和设施设备、课外艺术活动、校园文化艺术环境、重点项目推进以及中小学实施学校艺术教育工作自评制度等方面的情况
	劳动教育	是否及时公开劳动教育开展情况等相关信息
校园安全	安全制度	是否集中公开学校课堂教学安全管理、体育课安全管理、实验课（实践活动、实习实训）安全管理、食品安全管理、校车安全管理、校舍安全管理、消防安全管理、宿舍安全管理等各项安全管理制度
	应急预案	是否及时公开学校安全事件、自然灾害、卫生防疫等各项突发事件应急预案

续表

一级指标	二级指标	三级指标
信息公开咨询指南	是否发布	是否编制并发布本校信息公开咨询指南
	内容全面性	指南内容是否涵盖学校接受信息公开咨询的电话号码、接受咨询的时间，接受书面咨询的通信地址、邮政编码等信息

二　医疗卫生领域

医疗卫生领域主要对医院、基层医疗卫生机构、妇幼保健机构、疾病预防控制中心等开展第三方评估工作。

（一）医院

《医院信息公开第三方评估指标体系》适用于综合医院、中医医院、中西医结合医院、民族医医院、专科医院、康复医院、互联网医院等。评估指标体系采用三级树形结构，包括"基础信息""资质标识""环境导引""诊疗服务""行风与投诉""科普健教""便民服务"等7项一级指标，具体指标内容见表5-4。评估指标体系中评估方式一列为具体数据采集的渠道，"网上采集"方式是通过查看所提报医院的线上公开渠道进行评估，"现场查看"方式是通过查看所提报医院线下公开渠道进行评估。

表5-4　　　　　　　　　医院信息公开第三方评估指标体系

一级指标	二级指标	三级指标	评估方式
基础信息	制度体系	是否对本机构公开信息的范围形式、审核发布、管理维护、咨询回应等工作作出规定	网上采集
	工作机构	是否明确管理部门或专门人员负责本机构的信息公开工作	网上采集
	机构概况	是否提供医疗机构简介信息，包括医院名称、医院等级、公共服务职能、历史沿革、诊疗项目、科室（部门）概况、设备人员概况等	网上采集
		是否公开本医疗机构领导姓名、职务等信息	网上采集
资质标识	机构标识	是否在医院的明显处所悬挂《医疗机构执业许可证》	现场查看
		是否在医院的明显处所提供等级评审、医保定点等名称标识	现场查看
	人员标识	医护、行政及后勤等人员是否标识了姓名、科室（部门）、职务（职称）等	现场查看
	设备及技术许可	是否定期公开本院床位、大型设备等资源配置情况	网上采集
		是否在大型医用设备使用场所的显著位置悬挂大型医用设备配置许可证正本	现场查看
		是否在技术使用场所标识依法开展的特殊临床技术、限制性医疗技术、检验项目名称及有效期，如人体器官移植技术、人类辅助生殖技术、特殊实验室检查等	现场查看
	重点研究平台	是否在现场标识了国家级、省级、市级等临床研究中心、工程研究中心、重点实验室等研究平台	现场查看

续表

一级指标	二级指标	三级指标	评估方式
资质标识	价格	是否明确公示医疗服务项目、价格及计价标准等	网上采集+现场查看
		是否明确公示药品、医用耗材品规及价格等	网上采集+现场查看
环境导引	交通导引	是否在现场明确周边的公共交通线路、车辆入口与出口指示、院内停车场、院内行车指引、停车收费标识等	现场查看
	内部导引	是否在明显位置明确各科室（部门）的名称、位置及指引标识、急诊"绿色通道"指引标识等	现场查看
	公卫措施	是否公开本院公共卫生预防控制相关信息，落实政府应急处置措施的相关信息等	网上采集
	安全警示	是否在现场服务场所设立安全（防火、防盗、安检等）警示标识及危险提示标志等	现场查看
	应急指引	是否在现场明显位置标识突发事件的应急疏散和安全通道路线、指引标牌、路线等	现场查看
诊疗服务	服务时间	是否公开门诊、急诊服务时间（含节假日），病房探视时间及各项服务的办理时间等	网上采集
	专业介绍	是否公开专业方向，临床、检验、检查等专业服务项目名称及特色服务的相关内容等	网上采集
	就诊须知	是否公开门诊、急诊就诊流程、就诊期间应知晓的相关事务、注意事项及应遵守的规章制度等	网上采集

续表

一级指标	二级指标	三级指标	评估方式
诊疗服务	住院须知	是否公开办理住院的手续及流程、住院期间应知晓的相关事务、注意事项及应遵守的规章制度等	网上采集
	预约诊疗	是否公开需要或可以预约的挂号、诊疗、临床检验、检查等的预约途径、流程、方法及注意事项等	网上采集
	检查检验	是否公开进行临床检验、超声、影像学等辅助检查的流程、须知、注意事项，报告获取时间及方式等	网上采集
	分级诊疗	是否公开分级诊疗的双向转诊服务内容、机构、流程、联系方式等	网上采集
	分级诊疗	是否公开医联体业务合作的医疗卫生服务机构、专家介绍、服务内容、流程、联系方式等	网上采集
	远程医疗	是否公开远程医疗、互联网医疗服务项目、流程、收费等	网上采集
	社区服务	是否公开基本公共卫生服务项目、上门服务项目等服务流程、内容、联系方式等	网上采集
	特需诊疗	是否公开特需诊疗服务项目相关信息和导引	网上采集+现场查看
	临床研究	是否公开开展临床试验、临床研究项目及知情同意、不得收费等有关要求	网上采集+现场查看
行风与投诉	招标采购	是否公开执行政府采购依法应当公开的相关信息	网上采集
	行风建设	是否公开行风建设及廉洁从业九项准则相关规定	网上采集

续表

一级指标	二级指标	三级指标	评估方式
行风与投诉	依法执业自查	是否公开《医疗机构依法执业承诺书》等	网上采集
	医疗秩序	是否公开为维护正常医疗秩序患者应当遵守的相关法律、法规、规定及注意事项等	网上采集
	投诉途径	是否公开投诉处理程序、地点、接待时间和联系方式等	网上采集
	纠纷处理	是否公开解决医疗纠纷的合法途径以及相关部门（如医调委）地点、联系方式等	网上采集
科普健教	健康科普	是否公开健康保健及疾病防治、康复等方面的科普知识	网上采集
		是否公开开展健康讲座等健康教育活动的时间、内容、地点	网上采集
		是否公开患者健康教育制度及流程等	网上采集
	健康教育	是否公开无烟医疗卫生机构建设制度及管理办法	网上采集
便民服务	咨询服务	是否明确咨询服务设置情况，包括咨询台（窗口）标识、路线等	现场查看
		是否提供在线咨询服务	网上采集
	特殊人群	是否明确军人、残疾人、老年人等特殊人群优先服务窗口标识等	现场查看
	收费查询	是否明确查询的方法、流程、地点和导引路线等	现场查看
	医保服务	是否明确医保支付、报销流程、地点、导引等	现场查看
	复印病历	是否明确病历复印的流程、地点、导引路线和收费说明等	现场查看

(二)基层医疗卫生机构

《基层医疗卫生机构信息公开第三方评估指标体系》适用于社区卫生服务中心、中心卫生院、乡(镇)卫生院、街道卫生院等。评估指标体系采用三级树形结构,包括"基础信息""资质标识""环境导引""诊疗服务""行风与投诉""科普健教""便民服务"等7项一级指标,具体指标内容见表5-5。

表5-5　　基层医疗卫生机构信息公开第三方评估指标体系

一级指标	二级指标	三级指标	评估方式
基础信息	制度体系	是否对本机构公开信息的范围形式、审核发布、管理维护、咨询回应等工作作出规定	网上采集
	工作机构	是否明确管理部门或专门人员负责本机构的信息公开工作	网上采集
	机构概况	是否提供医疗机构简介信息,包括名称、等级、公共服务职能、历史沿革、诊疗项目、科室(部门)概况、设备人员概况等	网上采集
		是否公开本医疗机构领导姓名、职务等信息	网上采集
资质标识	机构标识	是否在明显处所悬挂《医疗机构执业许可证》	现场查看
	人员标识	医护、行政及后勤等人员是否标识了姓名、科室(部门)、职务(职称)等	现场查看

续表

一级指标	二级指标	三级指标	评估方式
资质标识	设备及技术许可	是否定期公开本医疗机构床位、大型设备等资源配置情况	网上采集
		是否在大型医用设备使用场所的显著位置悬挂大型医用设备配置许可证正本	现场查看
	价格	是否明确公示医疗服务项目、价格及计价标准等	网上采集+现场查看
		是否明确公示药品、医用耗材品规及价格等	网上采集+现场查看
环境导引	交通导引	是否在现场明确周边的公共交通线路，车辆入口与出口指示、院内停车场、院内行车指引、停车收费标识等	现场查看
	内部导引	是否在明显位置明确各科室（部门）的名称、位置及指引标识、急诊"绿色通道"指引标识等	现场查看
	公卫措施	是否公开本院公共卫生预防控制相关信息，落实政府应急处置措施的相关信息等	网上采集
	安全警示	是否在现场服务场所设立安全（防火、防盗、安检等）警示标识及危险提示标志等	现场查看
	应急指引	是否在现场明显位置标识突发事件的应急疏散和安全通道路线、指引标牌、路线等	现场查看
诊疗服务	服务时间	是否公开门诊、急诊服务时间（含节假日），病房探视时间及各项服务的办理时间等	网上采集

续表

一级指标	二级指标	三级指标	评估方式
诊疗服务	专业介绍	是否公开专业方向，临床、检验、检查等专业服务项目名称及特色服务的相关内容等	网上采集
	就诊须知	是否公开门诊、急诊就诊流程、就诊期间应知晓的相关事务、注意事项及应遵守的规章制度等	网上采集
	住院须知	是否公开办理住院的手续及流程、住院期间应知晓的相关事务、注意事项及应遵守的规章制度等	网上采集
	预约诊疗	是否公开需要或可以预约的挂号、诊疗、临床检验、检查等的预约途径、流程、方法及注意事项等	网上采集
	检查检验	是否公开进行临床检验、超声、影像学等辅助检查的流程、须知、注意事项，报告获取时间及方式等	网上采集
	分级诊疗	是否公开与本机构建立双向转诊关系的综合或专科医院名称	网上采集
		是否公开向上级医院转诊及接收上级医院向本院转诊的服务内容、机构、流程、联系方式等	网上采集
		是否公开医联体及县域医共体业务合作的医疗卫生服务机构、专家介绍、服务内容、流程、联系方式等	网上采集
	远程医疗	是否公开远程医疗、互联网医疗服务项目、流程、收费等	网上采集
	服务内容	是否公开各科室设置名称、医疗服务内容，医联体合作机构、下沉专家介绍、出诊时间等	网上采集

续表

一级指标	二级指标	三级指标	评估方式
诊疗服务	服务内容	是否公开基本公共卫生服务和家庭医生签约服务项目等服务内容、责任医生、服务区域、联系电话等	网上采集
	服务范围	是否公开本机构服务区域范围，服务区域内人群的基本情况、重点人群基本情况	网上采集+现场查看
	服务流程	是否公开门诊、急诊服务流程；留观、住院服务流程以及双向转诊服务流程	网上采集+现场查看
行风与投诉	招标采购	是否公开执行政府采购依法应当公开的相关信息	网上采集
	行风建设	是否公开行风建设及廉洁从业九项准则相关规定	网上采集
	依法执业自查	是否公开《医疗机构依法执业承诺书》等	网上采集
	医疗秩序	是否公开为维护正常医疗秩序患者应当遵守的相关法律、法规、规定及注意事项等	网上采集
	投诉途径	是否公开投诉处理程序、地点、接待时间和联系方式等	网上采集
	纠纷处理	是否公开解决医疗纠纷的合法途径以及相关部门（如医调委）地点、联系方式等	网上采集
科普健教	健康科普	是否公开健康保健及疾病防治方面的科普知识	网上采集
	健康教育	是否公开开展健康讲座等健康教育活动的时间、内容、地点	网上采集
		是否公开患者健康教育制度及流程等	网上采集
		是否公开无烟医疗卫生机构建设制度及管理办法	网上采集

续表

一级指标	二级指标	三级指标	评估方式
便民服务	咨询服务	是否明确咨询服务设置情况，包括咨询台（窗口）标识、路线等	现场查看
		是否提供在线咨询服务	网上采集
	特殊人群	是否明确军人、残疾人、老年人等特殊人群优先服务窗口标识等	现场查看
	收费查询	是否明确查询的方法、流程、地点和导引路线等	现场查看
	医保服务	是否明确医保支付、报销流程、地点、导引等	现场查看
	复印病历	是否明确病历复印的流程、地点、导引路线和收费说明等	现场查看

（三）妇幼保健机构

《妇幼保健机构信息公开第三方评估指标体系》适用于妇幼保健院、妇幼保健所、妇幼保健站、妇幼保健中心、妇幼保健计划生育服务中心等。评估指标体系采用三级树形结构，包括"基础信息""资质标识""环境导引""诊疗服务""行风与投诉""科普健教""便民服务"等7项一级指标，具体指标内容见表5-6。

表5-6　　妇幼保健机构信息公开第三方评估指标体系

一级指标	二级指标	三级指标	评估方式
基础信息	制度体系	是否对本机构公开信息的范围形式、审核发布、管理维护、咨询回应等工作作出规定	网上采集

续表

一级指标	二级指标	三级指标	评估方式
基础信息	工作机构	是否明确管理部门或专门人员负责本机构的信息公开工作	网上采集
	机构概况	是否提供本机构简介信息,包括名称、等级、公共服务职能、历史沿革、诊疗项目、科室(部门)概况、设备人员概况等	网上采集
		是否公开本机构领导姓名、职务等信息	网上采集
资质标识	机构标识	是否在明显处所悬挂《医疗机构执业许可证》	现场查看
		是否在明显处所提供等级评审、医保定点等名称标识	现场查看
	人员标识	医护、行政及后勤等人员是否标识了姓名、科室(部门)、职务(职称)等	现场查看
	设备及技术许可	是否定期公开本院床位、大型设备等资源配置情况	网上采集
		是否在大型医用设备使用场所的显著位置悬挂大型医用设备配置许可证正本	现场查看
	重点研究平台	是否在现场标识了国家级、省级、市级等临床研究中心、工程研究中心、重点实验室等研究平台	现场查看
	价格	是否明确公示医疗、保健服务项目、价格及计价标准等	网上采集+现场查看
		是否明确公示药品、医用耗材品规及价格等	网上采集+现场查看
环境导引	交通导引	是否在现场明确周边的公共交通线路,车辆入口与出口指示、院内停车场、院内行车指引、停车收费标识等	现场查看

续表

一级指标	二级指标	三级指标	评估方式
环境导引	内部导引	是否在明显位置明确各科室（部门）的名称、位置及指引标识、急诊"绿色通道"指引标识等	现场查看
	公卫措施	是否公开本院公共卫生预防控制相关信息，落实政府应急处置措施的相关信息等	网上采集
	安全警示	是否在现场服务场所设立安全（防火、防盗、安检等）警示标识及危险提示标志等	现场查看
	应急指引	是否在现场明显位置标识突发事件的应急疏散和安全通道路线、指引标牌、路线等	现场查看
诊疗服务	服务时间	是否公开门诊、急诊服务时间（含节假日），病房探视时间及各项服务的办理时间等	网上采集
	专业介绍	是否公开专业方向，临床、保健、检验、检查等专业服务项目名称及特色服务的相关内容等	网上采集
	就诊须知	是否公开门诊、急诊就诊流程、就诊期间应知晓的相关事务、注意事项及应遵守的规章制度等	网上采集
	住院须知	是否公开办理住院的手续及流程、住院期间应知晓的相关事务、注意事项及应遵守的规章制度等	网上采集
	预约诊疗	是否公开需要或可以预约的挂号、诊疗、临床检验、检查等的预约途径、流程、方法及注意事项等	网上采集

续表

一级指标	二级指标	三级指标	评估方式
诊疗服务	检查检验	是否公开进行临床检验、超声影像等辅助检查的流程、须知、注意事项，报告获取时间及方式等	网上采集
	保健管理	是否公开院内妇幼保健管理，本辖区妇幼保健三级网中承担的职责和任务，本单位开展的妇幼保健服务项目	网上采集
		是否公开院外妇幼保健管理，辖区妇幼保健工作运行程序，包括母子健康手册发放和使用、婚前医学检查等流程和注意事项	网上采集
		是否公开妇幼健康领域重大公共卫生服务项目惠民政策措施介绍	网上采集
	出生证明	是否公开出生医学证明办理的程序、时间及地点等	网上采集+现场查看
行风与投诉	招标采购	是否公开执行政府采购依法应当公开的相关信息	网上采集
	行风建设	是否公开行风建设及廉洁从业九项准则相关规定	网上采集
	依法执业自查	是否公开《医疗机构依法执业承诺书》等	网上采集
	医疗秩序	是否公开为维护正常医疗秩序患者应当遵守的相关法律、法规、规定及注意事项等	网上采集
	投诉途径	是否公开投诉处理程序、地点、接待时间和联系方式等	网上采集
	纠纷处理	是否公开解决医疗纠纷的合法途径以及相关部门（如医调委）地点、联系方式等	网上采集

续表

一级指标	二级指标	三级指标	评估方式
科普健教	健康科普	是否公开妇女儿童疾病防治及妇幼保健方面的科普知识等	网上采集
	健康教育	是否公开开展常见妇幼疾病防治等健康教育活动的时间、内容、地点等	网上采集
		是否公开患者健康教育制度及流程等	网上采集
		是否公开无烟医疗卫生机构建设制度及管理办法	网上采集
便民服务	咨询服务	是否明确咨询服务设置情况，包括咨询台（窗口）标识、路线等	现场查看
		是否提供在线咨询服务	网上采集
	特殊人群	是否明确军人、残疾人、老年人等特殊人群优先服务窗口标识等	现场查看
	收费查询	是否明确查询的方法、流程、地点和导引路线等	现场查看
	医保服务	是否明确医保支付、报销流程、地点、导引等	现场查看
	复印病历	是否明确病历复印的流程、地点、导引路线和收费说明等	现场查看

（四）疾病预防控制中心

《疾病预防控制中心信息公开第三方评估指标体系》适用于各级疾病预防控制中心等。评估指标体系采用三级树形结构，包括"基础信息""资质标识""环境导引""公共卫生服务""行风与投诉""科普健教""便民服务"等7项一级指标，具体指标内容见表5-7。

表 5-7 疾病预防控制中心信息公开第三方评估指标体系

一级指标	二级指标	三级指标	评估方式
基础信息	制度体系	是否对本机构公开信息的范围形式、审核发布、管理维护、咨询回应等工作作出规定	网上采集
	工作机构	是否明确管理部门或专门人员负责本机构的信息公开工作	网上采集
	机构概况	是否提供本机构简介信息，包括名称、公共服务职能、历史沿革、科室（部门）概况、设备人员概况等	网上采集
		是否公开本机构领导姓名、职务等信息	网上采集
资质标识	人员标识	对社会公众提供服务的疾病防控、行政及后勤等人员是否标识了姓名、科室（部门）、职务等	现场查看
	设备及技术许可	是否定期公开本机构大型设备等资源配置情况	网上采集
		是否在大型医用设备使用场所的显著位置悬挂大型医用设备配置许可证正本	现场查看
		是否在实验现场显著位置悬挂实验设备的使用许可证正本	现场查看
	重点研究平台	是否在现场标识了国家级、省级、市级等临床研究中心、工程研究中心、重点实验室等研究平台	现场查看
	服务价格	是否明确公示服务项目价格表、药品、医用耗材价格等	网上采集+现场查看
环境导引	交通导引	是否在现场明确周边的公共交通线路、车辆入口与出口指示、院内停车场、院内行车指引、停车收费标识等	现场查看

续表

一级指标	二级指标	三级指标	评估方式
环境导引	内部导引	是否在明显位置明确各科室（部门）的名称、位置及指引标识等	现场查看
	安全警示	是否在现场服务场所设立安全（防火、防盗、安检等）警示标识及危险提示标志等	现场查看
	应急指引	是否在现场明显位置标识突发事件的应急疏散和安全通道路线、指引标牌、路线等	现场查看
公共卫生服务	服务时间	是否公开服务时间（含节假日）、服务流程、服务预约方式等	网上采集
	服务项目	是否公开所承担的政府委托公共服务项目及为社会提供的其他服务内容	网上采集
	免费治疗	是否公开国家对特殊公共卫生疾病免费治疗的相关规定等	网上采集
	预防接种	是否公开接种单位的地点、服务时间、疫苗种类及生产企业等	网上采集
	传染病防控	是否公开传染病疫情预防、处置相关信息内容等	网上采集
	健康危害因素	是否公开健康危害因素的监测与防控，环境危害因素监测资质、内容与办法，营养监测与营养改善、学生常见病和相关危害因素控制等的相关信息	网上采集
	突发公共卫生事件	突发公共卫生事件的报告受理途径及联系方式	网上采集
行风与投诉	招标采购	是否公开执行政府采购依法应当公开的相关信息	网上采集
	行风建设	是否公开行风建设及廉洁自律相关规定	网上采集

续表

一级指标	二级指标	三级指标	评估方式
行风与投诉	投诉途径	是否公开接待投诉部门的电话、信箱等	网上采集
	纠纷处理	是否公开纠纷处理的程序和相关职能部门电话、地点等	网上采集
科普健教	健康科普	是否依据工作职责提供科普知识、专项传染病防控知识、预防免疫相关政策知识等	网上采集
	健康教育	是否公开开展相关健康讲座等健康教育活动的时间、内容、地点	网上采集
便民服务	咨询服务	是否明确咨询服务设置情况,包括咨询台(窗口)标识、路线等	现场查看
		是否提供在线咨询服务	网上采集

三 供水、供电、供气、供热领域

供水、供电、供气、供热领域主要对城市供水、供气、供热等公共企事业单位和供电企业开展第三方评估工作。

(一)供水、供气、供热等公共企事业单位

《供水、供气、供热等公共企事业单位信息公开第三方评估指标体系》适用于供水、供气、供热等公共企事业单位。评估指标体系采用三级树形结构,包括"单位概况""法规标准""公开目录及指南""城市供水服务""城市供气服务""城市供热服务"6项一级指标,具体指标内容见表5-8。

表5-8　　　　供水、供气、供热等公共企事业单位信息公开
　　　　　　　　　　第三方评估指标体系

一级指标	二级指标	三级指标
单位概况	基本简介	是否公开本单位性质、规模、经营范围、注册资本、办公地址、营业场所、联系方式、相关服务等信息
	领导信息	是否公开本单位领导班子成员姓名、职务等信息
	机构设置	是否公开本单位组织机构设置及职能
		是否详细公开本单位服务网点或营业网点名称、地址、联系方式、服务/营业时间及服务内容等信息
法规标准	政策标准	是否系统整理并集中公开本行业相关政策、法律、法规、行政规范性文件以及本单位执行的与城市供水、供气、供热服务有关的规定、标准
	规章制度	是否公开本单位工作规则、行为准则、岗位职责、服务标准等规章制度
公开目录及指南	信息公开目录	是否编制并发布本单位信息主动公开基本目录
		是否明确本单位主动公开信息内容及时限要求，并根据实际情况动态调整
	信息公开指南	是否编制并发布本单位信息公开咨询指南
		指南内容是否涵盖本单位接受信息公开咨询的电话号码、接受咨询的时间，以及现场咨询的地址、办事时间等信息
城市供水服务	价格收费	是否公开本单位供水销售价格以及收费依据
		是否公开本单位维修及相关服务价格标准、收费依据
	办事服务	是否公开本单位供水申请报装工作程序
		是否公开本单位供水服务范围
		是否公开本单位供水缴费、维修及相关服务办理程序、时限、网点设置、服务标准、服务承诺和便民措施

续表

一级指标	二级指标	三级指标
城市供水服务	便民公告	是否及时公开计划类施工停水及恢复供水信息、抄表计划信息
	水质信息	是否定期公开供水厂出厂水和管网水水质信息
	安全警示	是否及时公开供水设施安全使用常识和安全提示
	咨询投诉	是否公开本单位咨询服务电话、报修和监督投诉电话
城市供气服务	价格收费	是否公开本单位燃气销售价格以及收费依据
		是否公开本单位维修及相关服务价格标准、收费依据
	办事服务	是否公开本单位用气申请、过户、销户等服务项目办事指南
		是否公开本单位供气服务范围
		是否公开本单位燃气缴费、维修及相关服务办理程序、线上线下办理渠道、时限、网点设置、服务标准、服务承诺和便民措施
	便民公告	是否及时公开计划类施工停气及恢复供气信息、安全检查计划及抄表计划信息
	安全警示	是否及时公开燃气质量、燃气及燃气设施使用常识和安全风险、隐患信息
	咨询投诉	是否公开本单位咨询服务电话、报修和监督投诉电话
城市供热服务	价格收费	是否公开本单位热力销售价格以及收费依据
		是否公开本单位维修及相关服务价格标准、收费依据
	办事服务	是否公开本单位用热申请及用户入网接暖流程
		是否公开法定供热时间，供热收费的起止日期
		是否公开本单位热费收缴、供热维修及相关服务办理程序、时限、网点设置、服务标准、服务承诺和便民措施

续表

一级指标	二级指标	三级指标
城市供热服务	便民公告	是否及时公开计划类施工停热及恢复供热信息及抄表计划信息
	安全警示	是否及时公开供热及供热设施安全使用规定、常识和安全提示
	咨询投诉	是否公开本单位咨询服务电话、报修和监督投诉电话

其中,"单位概况""法规标准""公开目录及指南"适用所有供水、供气、供热等公共企事业单位;"城市供水服务"包括"价格收费""办事服务""便民公告""水质信息""安全警示""咨询投诉"6项二级指标,仅适用于供水公共企事业单位;"城市供气服务"包括"价格收费""办事服务""便民公告""安全警示""咨询投诉"5项二级指标,仅适用于供气公共企事业单位;"城市供热服务"包括"价格收费""办事服务""便民公告""安全警示""咨询投诉"5项二级指标,仅适用于供热公共企事业单位。

(二)供电企业

《供电企业信息公开第三方评估指标体系》适用于已取得供电类电力业务许可证,依法从事供电业务的企业。评估指标体系采用三级树形结构,包括"基本情况""办事服务""电价收费""供电质量""停限电情况""法规标准""便民服务""用户受电工程市场公平开放""可开放容量""信息公开目录、指南和年报"10项一级指标，具体指标内容见表5-9。

表5-9　　供电企业信息公开第三方评估指标体系

一级指标	二级指标	三级指标
基本情况	企业简介	是否公开企业性质、办公地址、联系方式、供电类电力业务许可证及编号等
	营业场所	是否公开本企业营业场所（网点）的名称、地址、联系方式等
办事服务	报装程序	是否公开各类用户办理新装、增容与变更用电性质等用电业务的工作流程、办理时限、办理环节、申请资料等信息
	审核查验	是否公开业务办理环节中涉及审核查验事项的范围、明细和依据等信息
电价收费	收费依据	是否公开本企业向各类用户计收电费时执行的政策文件
	服务收费	是否公开本企业向用户提供有偿服务时收费的项目、标准和依据等
供电质量	政策标准	是否公开本企业执行的供电可靠性、用户受电端电压合格率等政策文件和相关标准
	指标发布	是否公开本企业电压合格率和供电可靠性指标，其中，供电可靠性指标应根据国家能源局统一发布的指标进行公布
停限电情况	便民公告	是否及时公开停电区域、停电线路、停电起止时间及供电营业区有序用电方案、限电序位等信息
法规标准	—	是否公开企业供电服务所执行的法律法规以及供电企业制定的涉及用户利益的有关管理制度和技术标准

续表

一级指标	二级指标	三级指标
便民服务	咨询投诉	是否公开本企业供电服务承诺以及供电服务热线、12398能源监管热线等投诉渠道
用户受电工程市场公平开放	法规标准	是否公开本企业执行的规范用户受电工程市场行为的政策文件和制定的相关制度文件
可开放容量	—	是否按季度更新本地区配电网接入能力和容量受限情况
信息公开目录、指南和年报	信息公开目录	是否编制并公布本企业信息公开目录
		是否包括信息索引、名称、内容概要、生成日期等内容
	信息公开指南	是否发布并及时更新本企业信息公开指南
		信息公开指南是否明确信息的分类、获取方式、信息公开工作机构的名称、办公地址、办公时间、联系电话、传真号码、电子邮箱等内容
	信息公开年报	是否编制和按时发布本企业信息公开年报

四 公共交通领域

公共交通领域主要对从事城市公共交通、道路班车客运、道路客运站、水路旅客班轮、港口客运站运营的企业开展第三方评估工作。《公共交通企业信息公开第三方评估指标体系》适用于公路、水路领域公共交通企业，包括从事城市公共交通、道路班车客运、道路客运站、水路旅客班轮、港口客运站运营的企业。评估指标体系采用三级树形结构，包括"企业概况""城市公共交通运营企业""城市轨道交通运营企业""城市轮渡运营企业""道路班车客运、道路客运站运营企业""水路旅客班轮、港口客运站运营企业"6项一级指标,具体指标内容见表5-10。

表5-10 公共交通企业信息公开第三方评估指标体系

一级指标	二级指标	三级指标	评估方式
企业概况	基本简介	是否公开本企业性质、规模、经营范围、注册资本、办公地址、营业场所、联系方式、相关服务等信息	网上采集
	领导信息	是否公开本企业领导班子成员姓名、职务等信息	网上采集
	机构设置	是否公开本企业组织机构设置及职能	网上采集
	信息咨询	是否公开电话、网站、现场咨询等方式的信息公开咨询窗口信息	网上采集
城市公共交通运营企业	运营服务	是否公开运营线路、站点名称、服务时间、运行方向、票价、乘车(船)规则等运营服务信息	网上采集
	安全防范	是否在交通运输工具及其服务设施明显位置处公示乘客安全须知、禁止携带的物品目录、安全警示标志等	现场查看
	应急处置	是否在交通运输工具及其服务设施明显位置处公示安全锤、灭火器等应急救援设备设施使用方法,以及安全疏散标识等	现场查看
	权益维护	是否公示企业服务监督电话、行业监督电话、投诉受理制度等	网上采集+现场查看
城市轨道交通运营企业	运营服务	是否公开运营线路、站点名称、服务时间、运行方向、票价、乘车(船)规则等运营服务信息	网上采集

续表

一级指标	二级指标	三级指标	评估方式
城市轨道交通运营企业	运营服务	是否公开运行间隔时间、周边换乘、路线指示标识、服务质量承诺	网上采集+现场查看
	安全防范	是否在交通运输工具及其服务设施明显位置处公示乘客安全须知、禁止携带的物品目录、安全警示标志等	现场查看
	应急处置	是否在交通运输工具及其服务设施明显位置处公示安全锤、灭火器等应急救援设备设施使用方法，以及安全疏散标识等	现场查看
		是否公示站台紧急停车按钮、车辆紧急解锁按钮使用方法等	现场查看
	权益维护	是否公示企业服务监督电话、行业监督电话、投诉受理制度等	网上采集+现场查看
城市轮渡运营企业	运营服务	是否公开运营线路、站点名称、服务时间、运行方向、票价、乘车（船）规则等运营服务信息	网上采集
	安全防范	是否在交通运输工具及其服务设施明显位置处公示乘客安全须知、禁止携带的物品目录、安全警示标志等	现场查看
	应急处置	是否在交通运输工具及其服务设施明显位置处公示安全锤、灭火器等应急救援设备设施使用方法，以及安全疏散标识等	现场查看
		是否明确公示载客定额、消防救生演示图、救生衣使用方法等	现场查看
	权益维护	是否公示企业服务监督电话、行业监督电话、投诉受理制度等	网上采集+现场查看

续表

一级指标	二级指标	三级指标	评估方式
道路班车客运、道路客运站运营企业	运营服务	是否公开企业名称、驾驶员姓名和从业资格证号、票价、里程表、乘车规则等道路班车客运运营服务信息	网上采集+现场查看
		是否公开客车类型等级、运输线路、配客站点、班次、发车时间、票价等道路客运站运营服务信息	网上采集+现场查看
	安全防范	是否在交通运输工具及其服务设施明显位置处公示乘客安全须知、禁止及限制携带和托运的物品目录、安全警示标志等	现场查看
	应急处置	是否在交通运输工具及其服务设施明显位置处公示安全锤、灭火器等应急救援设备设施使用方法,以及安全疏散标识等	现场查看
	权益维护	是否公示企业服务监督电话、行业监督电话等	网上采集+现场查看
水路旅客班轮、港口客运站运营企业	运营服务	是否公开船舶名称、目的港、始发港、班期、班次、票价、乘船规则等	网上采集+现场查看
	安全防范	是否在交通运输工具及其服务设施明显位置处公示载客定额、乘船安全须知、禁止及限制携带和托运的物品目录、安全警示标志、救生衣使用方法等	现场查看
	应急处置	是否在交通运输工具及其服务设施明显位置处公示灭火器等应急救援设备设施使用方法、安全疏散标识、消防救生演示图等	现场查看
	权益维护	是否公示企业服务监督电话、行业监督电话等	网上采集+现场查看

其中,"企业概况"适用所有公共交通企业;"城市公共交通运营企业"包括"运营服务""安全防范""应急处置""权益维护"4项二级指标,仅适用于城市公共交通运营企业;"城市轨道交通运营企业"包括"运营服务""安全防范""应急处置""权益维护"4项二级指标,仅适用于城市轨道交通运营企业;"城市轮渡运营企业"包括"运营服务""安全防范""应急处置""权益维护"4项二级指标,仅适用于城市轮渡运营企业;"道路班车客运、道路客运站运营企业"包括"运营服务""安全防范""应急处置""权益维护"4项二级指标,仅适用于道路班车客运、道路客运站运营企业;"水路旅客班轮、港口客运站运营企业"包括"运营服务""安全防范""应急处置""权益维护"4项二级指标,仅适用于水路旅客班轮、港口客运站运营企业。

第六章　发展历程

第一节　全国公共企事业单位信息公开发展历程

2008年，北京大学三位教授王锡锌、沈岿、陈端洪向北京市发改委、北京市交通委、北京市首都公路发展集团有限公司等三部门分别提交了3份政务信息公开申请，要求了解机场高速公路收费数额、流向等信息。2011年，北京市民刘巍向北京一卡通公司提出信息公开申请，要求公开每年所有一卡通的押金总额利息、卡内余额利息的数额及用途，以及IC卡20元的成本明细。同年，中国政法大学发布了《2010—2011年度高校信息公开观察报告》，结果显示，112所被评估的高校中，只有43所得分达到及格水平。2013年，上海交通大学毕业生雷闯先后向113所高校申请公开2012年的"三公"

经费，只有 28 所大学回复表示将主动公开。

《中华人民共和国政府信息公开条例》在 2008 年颁布实施后，虽然在第三十七条规定了，公共企事业单位在提供社会公共服务过程中制作、获取的信息的公开，参照本条例执行，具体办法由国务院有关主管部门或者机构制定。但在此后较长的一段时间，人们对于政府信息公开的关注度远远高于公共企事业单位信息公开，公共企事业单位的信息公开成了"被遗忘的角落"。

2019 年，《中华人民共和国政府信息公开条例》实施 11 年后首次修订，其中，作为参照适用的"与人民群众利益密切相关的公共企事业单位"调整为主管部门的行政监管事项，要求"教育、卫生健康、供水、供电、供气、供热、环境保护、公共交通等与人民群众利益密切相关的公共企事业单位，公开在提供社会公共服务过程中制作、获取的信息，依照相关法律、法规和国务院有关主管部门或者机构的规定执行"。2020 年 12 月，国务院办公厅印发了《公共企事业单位信息公开规定制定办法》，部署加强公共企事业单位信息公开制度建设，深入推进公共企事业单位信息公开，公共企事业单位信息公开才再一次引发社会的关注。

我国公共企事业单位信息公开的起源可以追溯到 20 世纪 80 年代的办事公开，其发展历程可以大致分为四个阶段。

一 第一阶段（1987—2001年）：伴随政务公开而产生

1987年，党的十三大报告提出，重大情况让人民知道，重大问题经人民讨论。1988年，党的十三届二中全会提出，要以党政机关的权力公开为重点，来加强党风廉政建设。两次全会提出明确要求，随后出台了《中华人民共和国村民委员会组织法》，对村务公开提出了要求。实际上，在20世纪80年代后期，一些地方和部门开始探索公开办事程序、公开办事结果。这在一定程度上可以看作公共企事业单位信息公开的初步探索。

2000年，以中共中央办公厅和国务院办公厅名义印发了《关于在全国乡镇政权机关全面推行政务公开制度的通知》，这是党中央、国务院第一个对政务公开作出部署的文件，明确提出了政务公开制度。当时的政务公开实际上涵盖了党务公开、政府信息公开、司法公开、村务公开和各领域办事公开。可以说，公共企事业单位信息公开是伴随着政务公开产生而发展的。

二 第二阶段（2002—2007年）：以院务公开和校务公开为典型逐步推行

2002年，教育部、中华全国总工会发布了《关于全面推进校务公开工作的意见》，国家计委、财政部、教育部联合印发《教育收费公示制度》。党的十六大明确提出，要认真推行政务公开制度，完善公开办事制度。2006年11月，卫生部发布了《关于全面推行医院院务公开的指导意见》。

这段时期，教育系统着重建立完善了校务公开实施方案、监督检查和工作报告等制度，以学校收费政策、收费项目、收费标准为重点，推行校务公开。原卫生部以药品价格为重点，在医疗机构积极实行"病人选择医生"制度、医疗质量监督检查和信息公示制度、院务公开制度。建设部、交通部、铁道部等部门和行业所属公用事业单位以各种收费项目及方便群众办事为重点，推行办事公开。劳动、银行、证券、科技、外贸等部门也都制定了本行业办事公开的有关规定，引入了诸如公开招标、公开竞争、公开招考、公开分配、公开配额、公开办事过程与结果等制度。

2005年12月，全国政务公开领导小组召开了全国公用事业单位推行办事公开制度电视电话会议，对进一步推行办事公开制度提出了明确要求。

党的十七大以来，历次中央纪委全会和国务院廉政工作会议就推行各领域办事公开制度做出要求，如：1998年1月20日，《十五届中央纪委第二次全会工作报告》中指出，在直接涉及群众切身利益的部门，要实行公开办事制度。除属于国家保密的事项外，凡办事内容、办事依据、办事程序、办事结果和办事纪律等都要向社会公开，便于群众知情和监督。要把实行公开办事制度与推行民主评议制度结合起来。

2002年11月14日，《中央纪委向党的十六大的工作报告》中提出，进一步推行和完善政务公开、厂务公开、村务公开等办事公开制度。

2003年2月17日，《十六届中央纪委第二次全会工作报告》中提出，继续抓好乡（镇）和县级政务公开的规范和提高，在市（地）级行政机关推行政务公开，医院、学校和其他与群众利益密切相关的公用事业单位都要实行办事公开制度。

2004年1月11日，《十六届中央纪委第三次全会工作报告》中提出，全面推行市（地）级政务公开，深化县级和乡（镇）政务公开，与群众利益密切相关的公用事业单位要全面实行办事公开。

2006年1月5日，《十六届中央纪委第六次全会工作报告》中提出，深入推行政务公开、厂务公开、村务公开以及公用事业单位办事公开。加强法规制度建设，进一步健全监督保障和便民利民措施，重点公开人民群众普遍关心、涉及人民群众切身利益的各类事项，保障人民群众的知情权、参与权、监督权。

2007年1月8日,《十六届中央纪委第七次全会工作报告》中提出,要把党内监督与党外监督结合起来,围绕涉及群众切身利益的事项,深入推进政务公开、厂务公开、村务公开,完善公用事业单位办事公开制度。

2007年10月21日,《中央纪委向党的十七大的工作报告》中提出,适应社会主义民主政治发展的要求,完善政务公开、厂务公开、村务公开和公共企事业单位办事公开制度。认真实施政府信息公开条例,扩大公开的范围和层次,让权力在阳光下运行。

2004年2月13日,温家宝在国务院第二次廉政工作会议上讲话中提出,凡是与老百姓利益密切相关的部门和单位,如学校、医院以及水、电、气、公交等公用事业单位,都要实行办事公开制度。

2005年2月28日,温家宝在国务院第三次廉政工作会议上的讲话中提出,学校、医院和供水、供电、供气、供热、环保、公交等与群众利益密切相关的公共部门和单位,要全面推行办事公开制度,向群众公开服务承诺、收费项目和标准。特别要严格规范各类学校的收费,义务教育阶段公办学校要全面实行"一费制",坚决制止高等院校与招生挂钩的乱收费,严禁挪用教育经费。严格管理药品价格和医疗检查收费,切实解决群众上学难、上学贵和看病难、看病贵的问题。

2006年2月27日，温家宝在国务院第四次廉政工作会议上的讲话中提出，要全面落实学校收费公示制，学校面向学生的收费项目都必须公开透明……切实加强医院管理，推进院务公开，规范医院和医生的用药和治疗行为，坚决杜绝药品回扣和开单提成，遏制乱检查、乱开药、乱收费；加大对医疗卫生领域不正之风和腐败行为的查处力度，典型案例要公开处理。

2007年2月9日，温家宝在国务院第五次廉政工作会议上讲话中提出，学校、医院和供水、供电、供热、供气、环保、公交等公共事业部门也要全面推行办事公开制度。

三 第三阶段（2008—2018年）：《政府信息公开条例》实施后正式起步

2008年，《中华人民共和国政府信息公开条例》颁布，标志着我国政府信息公开步入法治化轨道，同时也标志着我国公共企事业单位信息公开工作进入了法治化轨道。2007年6月29日，全国公共企事业单位办事公开工作电视电话会议在北京召开，提出要将办事公开的要求贯穿于单位管理和社会服务的全过程，把办事公开与加强企事业单位的经营管理结合起来。对与人民群众生产生活密切相关的教育、医疗、供水、供电、供气、供热、环保、电信、计划生育、公共交通等行业的公共产品和服务，各公共企事业单位必须将产品成本、服务承诺、收费标准、办事过程等向社会公开，自觉接受人民群众的监督。

紧接着，各领域均陆续出台了公共企事业单位信息公开有关的规定或办法。

2008年，住房和城乡建设部印发了《供水、供气、供热等公用事业单位信息公开实施办法》。

2010年，教育部制定的《高等学校信息公开办法》颁布实施。

2010年，教育部印发了《关于推进中小学信息公开工作的意见》，要求全国中小学建立信息公开制度。

2010年，国务院发布《关于加强法治政府建设的意见》，提出要规范和监督医院、学校、公交、公用等公共企事业单位的办事公开工作，重点公开岗位职责、服务承诺、收费项目、工作规范、办事纪律、监督渠道等内容，为人民群众生产生活提供优质、高效、便利的服务。

2014年，教育部公布了《高等学校信息公开事项清单》。

2015年，卫生部印发了《医院、计划生育技术服务机构等 9 类医疗卫生机构信息公开目录》。

2016 年，中共中央办公厅、国务院办公厅印发了《关于全面推进政务公开工作的意见》，要求大力推进公共企事业单位办事公开，行业主管部门要加强分类指导，组织编制公开服务事项目录，制定完善具体办法，切实承担组织协调、监督指导职责。

2018 年 2 月，国务院办公厅印发《关于推进社会公益事业建设领域政府信息公开的意见》（国办发〔2018〕10 号），要求地方各级政府和国务院有关部门要按照各自职责权限，加强分类指导，建立健全长效机制，推动有关公共企事业单位、慈善组织如实公开社会公益事业信息。国务院教育、环境保护、文化、卫生计生等主管部门和其他有关部门要在 2018 年底前建立完善本部门监管的公共企事业单位信息公开制度。

同时，各省（区、市）也纷纷出台相关办法或意见：

2006 年 4 月，重庆市政府出台了《关于进一步深化公共服务行业办事公开工作的意见》；

2007 年 9 月，安徽省政府出台了《关于推进公共企事业单位办事公开的意见》；

2008 年 8 月，四川省政府出台了《四川省公共企事业单位办事公开实施办法（试行）》；

2009年1月,广东省政府出台了《关于进一步推进公共企事业单位办事公开的意见》;

2014年1月,山东省政府出台了《公益性服务重点行业办事公开目录》;

2014年12月,贵州省政府出台了《贵州省公共企事业单位办事公开指导意见》。

四 第四阶段（2019年至今）：迈入公共企事业单位信息公开的新阶段

2019年,新修订的《政府信息公开条例》,去掉了"参照执行",将公共企事业单位信息公开作为相关主管部门的行政监管事项,交由其他规定进行调整,不再参照适用。

2020年12月,国务院办公厅印发《公共企事业单位信息公开规定制定办法》,之后国家卫生健康委、住房和城乡建设部、生态环境部、交通运输部、国家能源局等相继制定或修订了各自领域的公共企事业单位信息公开规定或办法,教育部也发布了《高等学校信息公开办法（修订草案）》,公共企事业单位信息公开"1+N"制度体系框架已初步形成,逐步探索形成具有中国特色的公共企事业单位信息公开创新性制度安排。

第二节 山东省公共企事业单位信息公开发展历程

山东省在推进公共企事业单位信息公开工作方面，一直是紧跟中共中央、国务院的有关部署安排，深入贯彻落实有关要求。

一 萌芽起步阶段（2005—2007年）

2005年12月，省政务公开领导小组召开了全省公用事业单位推行办事公开制度电视电话会议，要求学校、医院和供水、供电、供气、供热、公交、市政、通信等公用事业单位要把办事公开纳入整体工作目标，融入单位经营管理的各个环节，对于垄断性行业、有一定竞争性的行业、承担政府职能的行业，要区分不同性质和特点，采取相应的政策措施推进办事公开。

2007年9月，省政务公开领导小组组织收听收看了"全国政务公开工作先进单位表彰暨全国政务公开示范点命名电视电话会议"，接着召开了山东省政务公开和办事公开示范点命名电视电话会议，确定东营市等50个地方和单位为"山东省政务公开示范点"，山东省千佛山医院等6个单位为"山东省办事公开示范点"，并要求深入推进教育、医疗卫生、计划生育、供水、供电、供气、供热、环保、公共交通等公共企业事业单位办事公开，促进解决民生问题。

2007年11月，省政府在济南召开山东省公共企事业单位办事公开工作电视电话会议。会议强调，要突出教育、医疗卫生、计划生育、供水、供电、供气、供热、环保、通信、公共交通等重点行业，规范公开内容，对本单位服务项目认真进行规范清理，编制办事公开目录，细化公开内容，全面公开办事的权限、程序、标准、时限、结果以及便民措施、服务承诺、工作纪律、监督办法等。逐步实现办事公开工作的规范化、制度化。

二 规范发展阶段（2008—2017年）

2010年颁布的《山东省政府信息公开办法》第四十条明确规定，教育、医疗卫生、计划生育、供水、供电、供气、供热、环保、公共交通、邮政、通信、金融以及殡葬等与人民群众利益密切相关的公共企事业单位，在提供社会公共服务过程中制作、获取的信息的公开，参照本办法执行。

2013年4月，省政府召开第一次廉政工作会议，要求进一步深化政务公开，让权力在阳光下公开透明运行，大力推进行政决策过程公开，加大涉及群众切身利益信息的公开力度，并就推进公益性服务重点行业办事公开提出要求。

2013年8月，省政府印发了《关于推进政府职能转变简政放权减少行政许可的意见》，要求推进公益性服务行业办事公开。规范水电煤气、交通电信等公益性服务行业办事公开的内容和程序，加强办事公开制度化建设，强化监督检查，2013年10月底前编制出台公益性服务行业办事公开目录并向社会公示。

2014年1月，省政务公开领导小组办公室、省住房和城乡建设厅、省交通运输厅、省通信管理局、国网山东省电力公司等5部门联合发布了《公益性服务重点行业办事公开目录》，进一步规范电信、公交、供水、供电、供热、供气等公益性服务重点行业信息公开工作。

2014年3月，省机构编制委员会印发了《关于山东省人民政府职能转变和机构改革的实施意见》，要求对群众利益密切相关的食品药品安全、保障房分配、医疗服务收费、高校招生、国有企事业单位人员招聘等信息进行公开公示。推进公益性服务行业办事公开，督促落实公益性服务行业办事公开目录。

三 全面深化阶段（2018年至今）

2018年，省教育厅开展了山东教育系统政务公开第三方评估工作，其中对部分省属高校开展了信息公开第三方评估。2019—2020年，公共企事业单位信息公开工作被纳入全省政务公开第三方评估，得分计入所属主管部门和各属地的评估总成绩。此外，每年度的山东省政务公开工作要点或安排中，均将公共企事业单位信息公开作为一项重要工作进行安排部署，具体见表6-1。

表6-1　　历年山东省政务公开工作要点有关公共企事业单位信息公开的部署

年份	内容摘抄
2018	（五）建立健全公共企事业单位信息公开制度。省级教育、生态环境、文化和旅游、卫生计生、住房保障、水电气热、公共交通、社会救助和社会福利等主管部门要积极推进相关领域公共企事业单位信息公开工作。县级以上地方政府要督促有关部门履行监管职责，加强分类指导，组织编制公共企事业单位公开事项目录，建立完善公开考核、评议、责任追究和监督检查具体办法，切实推进公共企事业单位信息公开工作。各级公共企事业单位信息公开情况将纳入各市和省政府各部门的政务公开年度考核评估范围
2019	进一步做好生态环境信息公开，建立企事业单位环保信息强制性披露和环境行为信用评价制度； 省政府相关部门要建立健全本行业本系统公共企事业单位信息公开制度并加强指导监督

续表

年份	内容摘抄
2020 年	探索建立政务公开负面清单，完善各级公共企事业单位信息公开制度
2021 年	（六）全面推进公共企事业单位信息公开。省政府相关部门、单位要认真贯彻落实《公共企事业单位信息公开规定制定办法》，对照国务院有关部委出台的公共企事业单位信息公开规定，及时制定落实措施，重点公开与人民群众日常生产生活密切相关、对营商环境影响较大、直接关系服务对象切身利益、事关生产安全和消费者人身财产安全、社会舆论关注度高、反映问题较多的重要信息。各级主管部门抓紧建立申诉工作制度，明确处理期限和流程，依法依规及时处理
2022 年	（六）规范化公开公共企事业单位信息。严格执行国家部委已出台的相关领域公共企事业单位信息公开制度，省级行业主管部门要出台相应的贯彻落实意见。2022 年 9 月底前，省级行业主管部门和各市政府要在政府网站建立专栏，明确并向社会公开本系统或本地区范围内的适用主体清单，归集展示各领域公共企事业单位信息公开平台。重点围绕具有市场支配地位、公共属性较强或者与服务对象之间信息不对称问题突出、需要重点加强监管的公共企事业单位，强化公开制度落实，更好地维护市场经济秩序和人民群众切身利益。强化社会监督，对外明确监督投诉渠道，对因公共企事业单位未依法及时公开相关信息，损害群众、企业权益的，要严肃处理，限期整改

2021 年 3 月初，省政府办公厅邀请省直有关部门、单位召开了"山东省公共企事业单位信息公开工作专题座谈会"，进行了专题研究部署。

2021 年 12 月，省教育厅印发了《山东省中等及中等以下学校信息公开办法》（鲁教办发〔2021〕3 号），并发布了《山东省普通中小学主动公开基本目录》和《山东省中等职业学校主动公开基本目录》，具有非常强的可操作性。

2022年4月，省交通运输厅印发了《关于贯彻落实〈公共交通企业信息公开规定〉的意见》，配套制定《公共交通企业信息公开申诉处理工作制度》，监督指导公共交通企业加强信息公开，服务公众日常出行，维护公众切身利益。

2022年6月，为进一步明确各级教育、卫生健康、供水、供电、供气、供热、环境保护、公共交通等领域信息公开适用主体，摸清全省公共企事业单位的底数，省政府办公厅发布了《关于报送各级公共企事业单位名录的通知》。

2022年7月，省政府办公厅举办了"2022年省属公共企事业单位及行业主管部门分管信息公开负责人专题研讨培训班"。

2022年8月，省政府办公厅下发了《2022年山东省公共企事业单位信息公开第三方评估工作实施方案》，在全省范围内随机抽取203所学校、349家医院、64家水电气热和32家公共交通企业，开展线上、线下信息公开评估工作，有效推动了工作落实。

第七章　评估结果与分析

第一节　总体评估结果

2022年,参与评估的所有公共企事业单位总体平均成绩为88.8233分,整体上处于良好的水平。其中,教育领域平均得分88.9039分,医疗卫生领域平均得分87.1828分,供水、供电、供气、供热领域平均得分91.8953分,公共交通领域平均得分96.9688分,各领域公共企事业单位总体情况也均在优良水平。

从总体来看,如图7-1所示,各级公共企事业单位信息公开评估得分分布呈现"倒三角形",40.41%的公共企事业单位评估得分在90—95分。说明大多数的公共企事业单位能够严格按照信息公开有关规定或办法,主动公开与企业和群众利益密切相关的信息,并取得了良好的成效。

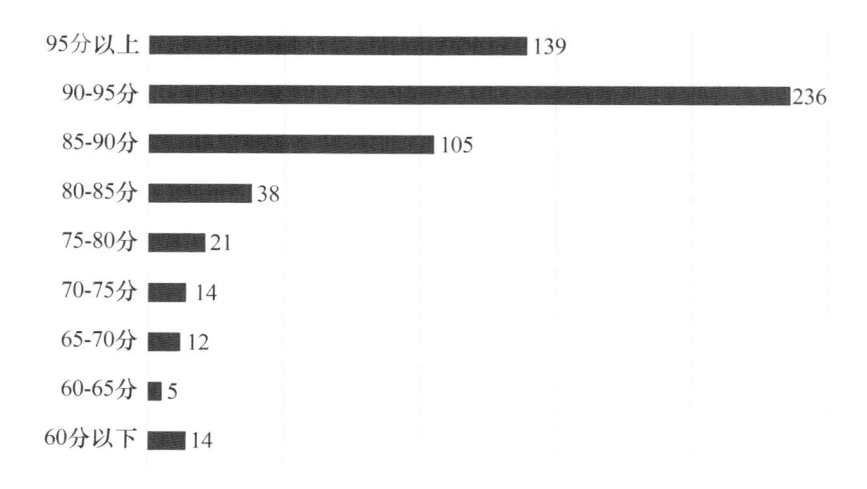

```
95分以上  ████████████████████ 139
90-95分   ██████████████████████████████ 236
85-90分   ███████████████ 105
80-85分   █████ 38
75-80分   ███ 21
70-75分   ██ 14
65-70分   ██ 12
60-65分   █ 5
60分以下  ██ 14
```

图 7-1 公共企事业单位信息公开评估得分分布情况

从所属层级来看，如图 7-2 所示，市属公共企事业单位信息公开评估平均得分最高，省属次之，县属最低。这说明各市政府年内持续加大公共企事业单位信息公开推进力度，积极协调市级行业主管部门，加强业务指导和行业监督，取得了良好成效。省属和县属公共企事业单位信息公开平均得分较低的原因在于：一是所属公共企事业单位的数量较多，特别是县级政府，涉及的普通中小学、基层医疗卫生机构等数量庞大，统筹协调难度较大；二是监督指导力度不足，省级行业主管部门主要依靠办公室具体从事政务公开工作人员去督促和指导，县级政府更是普遍缺乏专门机构和专业人员，从而导致对于数量庞大的公共企事业单位，在机制体制完善、公开平台建设、信息发布规范等方面的指导不够，各公共企事业单位信息公开水平不均衡，且整体偏低。

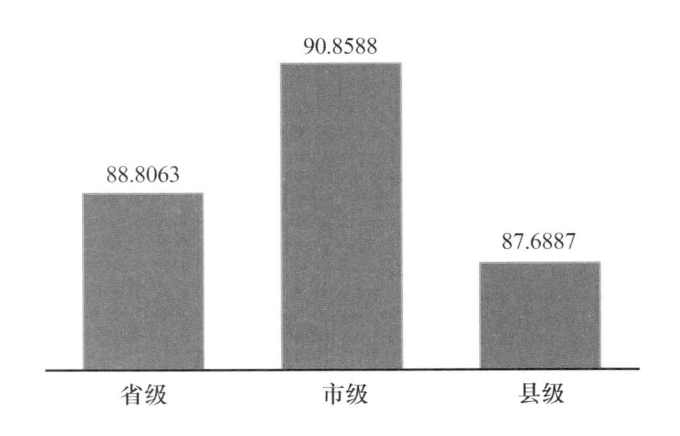

图 7-2　各层级公共企事业单位信息公开评估平均得分情况

从所属领域来看，公共交通企业信息公开平均得分最高，其次是供水、供电、供气、供热领域公共企事业单位，后续依次是教育领域和医疗卫生领域（见图 7-3）。究其原因，主要在于供水、供电、供气、供热领域和公共交通领域以企业居多，大多数已经建立了企业的官方网站，且平时注重涉及公众和企业切身利益信息和公共服务的公开，相比较而言，普通中小学和基层医疗卫生机构普遍未开通建设本单位官方网站，即使建设了官方网站，也仅是以信息发布为主，目前只是依托地方政府门户网站被动发布一些指标要求的信息，未形成有效的常态化机制。

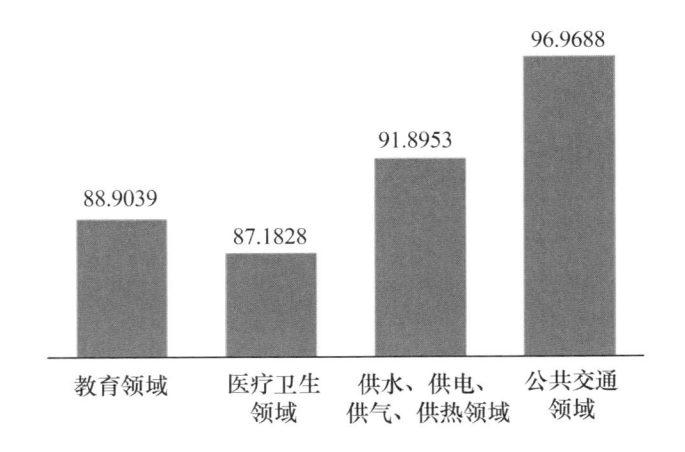

图 7-3　各领域公共企事业单位信息公开评估平均得分情况

第二节　评估结果分析

2022年，由于新冠疫情原因，市属医院和公共交通企业的线下评估未能够开展，仅开展了省属医院的线下评估，其余所有领域公共企事业单位信息公开的评估均是以线上评估为主。数据采集渠道包括地区门户网站公共企事业单位信息公开专栏、官方网站、微信公众号等渠道，其中以信息公开专栏和官方网站为主。

一　教育领域

教育领域，主要是抽取了省属高等学校、市属普通中小学、市属中等职业学校[①]和县属普通中小学开展线

---

① 部分市政府由于无直属的中等职业学校，抽取了部分所辖县（市、区）政府所属的中等职业学校。

上信息公开评估。参与评估的所有教育领域公共企事业单位信息公开平均得分为88.9039分，其中，高等学校平均得分为91.0947分，普通中小学平均得分为88.8286分，中等职业学校平均得分为87.0938分，如图7-4所示。

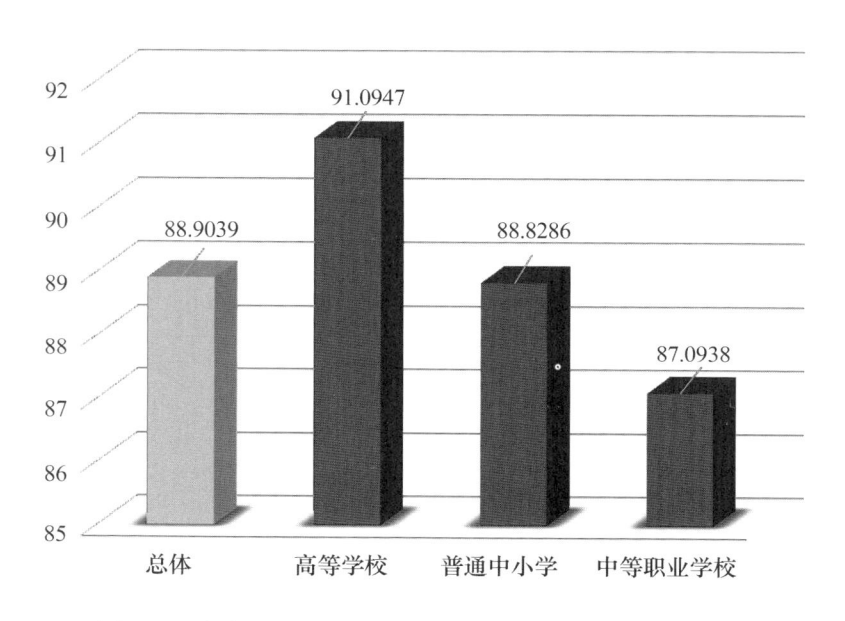

图7-4 教育领域公共企事业单位信息公开评估平均得分情况

从学校类型来看，高等学校信息公开平均得分最高，超过了90分，普通中小学次之，中等职业学校最低。这说明，相比较而言，高等学校在信息公开方面成绩较为突出。实际上，高校信息公开从2002年印发的《关于全面推进校务公开工作的意见》开始，到2010年出台的《高等学校信息公开办法》，相较于普通中小学和中等职业学校，无论是在制度体系建设方面还是公开平台建设、公开内容规范等方面，都是更为完善的，因而在平均得分上也体现出了明显优势。

（一）高等学校

1. 总体情况

本次评估，所抽取的 19 所高等学校信息公开评估平均得分为 91.0947 分，63.16% 的高等学校信息公开评估得分超过了 90 分，整体处于优秀的等次。

从一级指标来看，如图 7-5 所示，"应急管理""学年信息公开工作年度报告""招生考试""财务、资产及收费信息""教学质量"等一级指标平均得分指数超过了 90%。高等学校信息公开最早是从招生和财务信息公开开始的，应急管理和教学质量又是近年来社会各界高度关注的领域，而信息公开工作年度报告则是展现了高等学校信息公开工作全面情况且公开了具有一定价值的相关数据，所以得益于各级教育主管部门的监督和指导，公众监督作用的发挥，以及近几年各高校对相关信息公开的普遍重视，这几项指标的得分指数也相对较高。

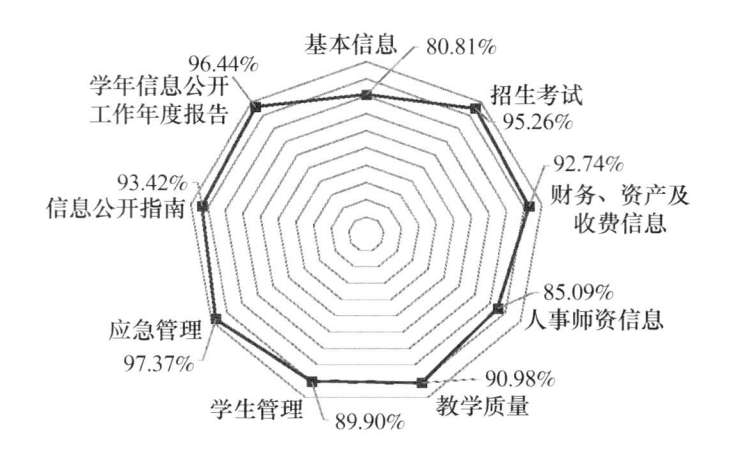

图 7-5　高等学校信息公开评估一级指标得分指数①情况

"学生管理""人事师资信息""基本信息"等一级指标虽然平均得分指数偏低，但也均超过了80%，处于良好的水平。主要原因在于这几项指标对于公开信息的全面性要求较高，包括学校简介内容的全面性、机构设置内容的丰富程度、岗位设置管理与聘用办法信息的涵盖面、本校学生有关政策的梳理等。各高等学校在这几项指标上呈现出明显的两极分化现象，一定程度上影响了实际公开效果以及在得分指数上的总体表现。

2. 各指标结果分析

基本信息方面，"基本简介"的平均得分指数超过了总体平均得分指数，"机构设置"接近总体平均得分

---

① 得分指数是指某项指标的评估得分值与该项指标满分值的比值，以小数表示或者换算成百分比。

指数，"领导信息""规章制度""规划计划"的平均得分指数远低于总体平均得分指数，如图7-6所示。这说明，各高等学校均能够详细公开学校名称、办学地点、办学性质、办学宗旨、办学层次、办学规模、学科与专业设置、专业情况、各类在校生情况、教师和专业技术人员数量等简介信息，以及本校党政管理、教学科研、服务支撑等机构设置名称和职能情况。

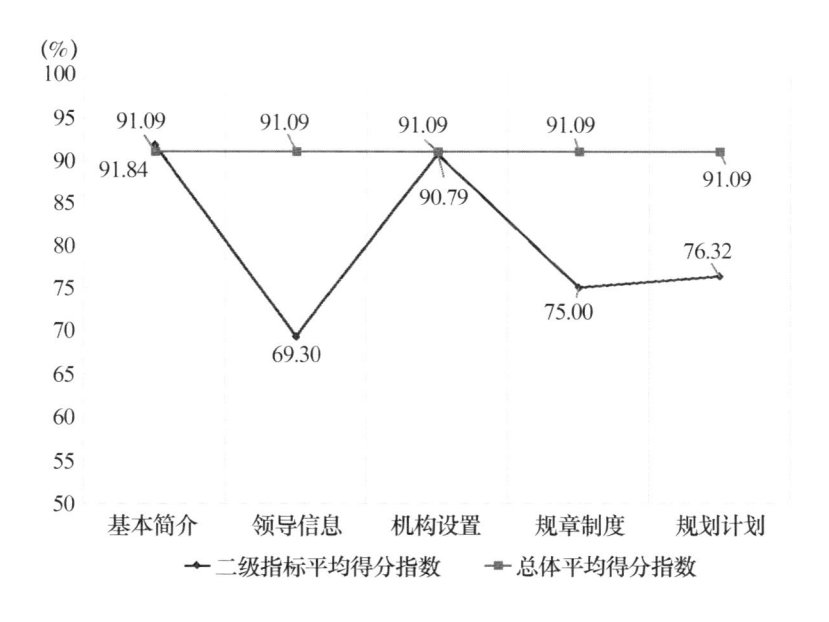

图7-6 基本信息指标中二级指标平均得分指数情况

但与此同时，57.89%的高等学校未全面公开本校所有校级领导的姓名、现任职务职级、出生年月、民族、学历学位、政治面貌以及分管工作等信息；68.42%的高等学校未对学校制定的各项规章制度进行分类整理和集中公开；42.11%的高等学校未及时公开本校课程与教学计划。

招生考试和财务、资产及收费信息方面，招生考试指标中的"招生计划""录取结果""咨询申诉"和财务、资产及收费信息指标中"2022年预算""2021年决算""收费信息"均超过了总体平均得分指数，"管理制度""采购信息"等指标平均得分指数均接近总体平均得分指数，但"受捐赠财产"指标的平均得分指数仅有68.42%，如图7-7所示。高等学校的信息公开最早

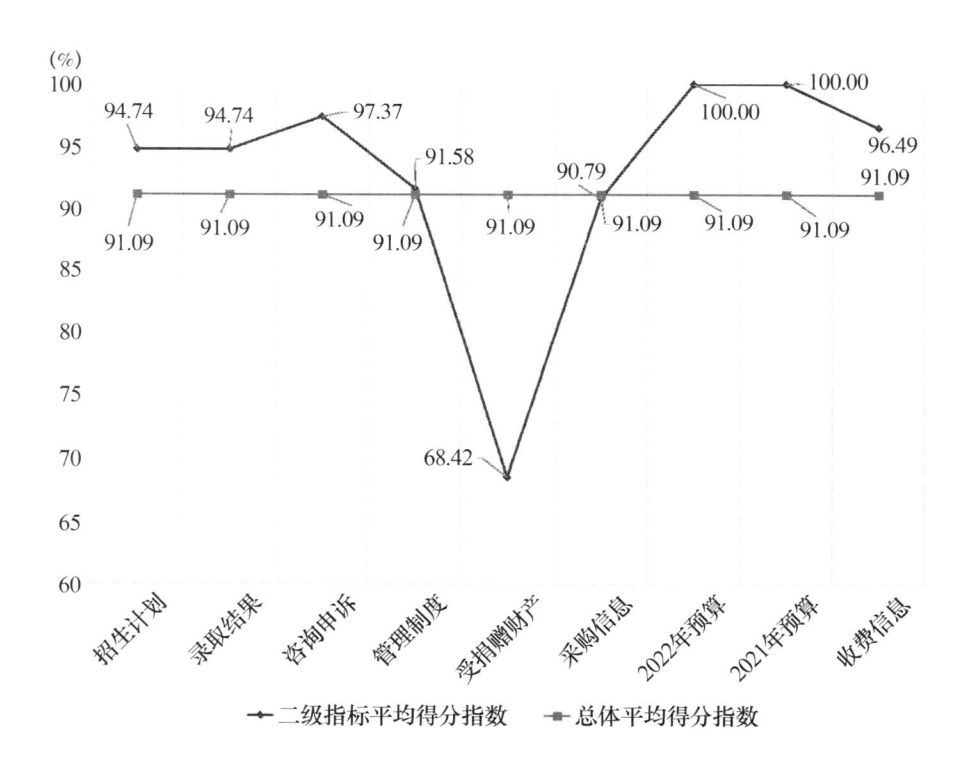

图 7-7 招生考试和财务、资产及收费信息指标
中二级指标平均得分指数情况

是从招生信息和财务信息开始逐步推进的,所以"招生考试"和"财务、资产及收费信息"一级指标的平均得分指数相对来说是较高的,但在财务资产管理制度的分类整理、采购信息的集中发布、受捐赠财产使用和管理情况公开等方面,仍需进一步加大力度。

人事师资信息和教学质量方面,"人事信息""毕业生情况""就业质量""本科教学质量报告"的平均得分指数均超过了总体平均得分指数,"岗位管理""就业指导"的平均得分指数均接近总体平均得分指数,但"争议解决""艺术教育发展年报"的平均得分指数均低于66%,如图7-8所示。这说明,各高等学校在就

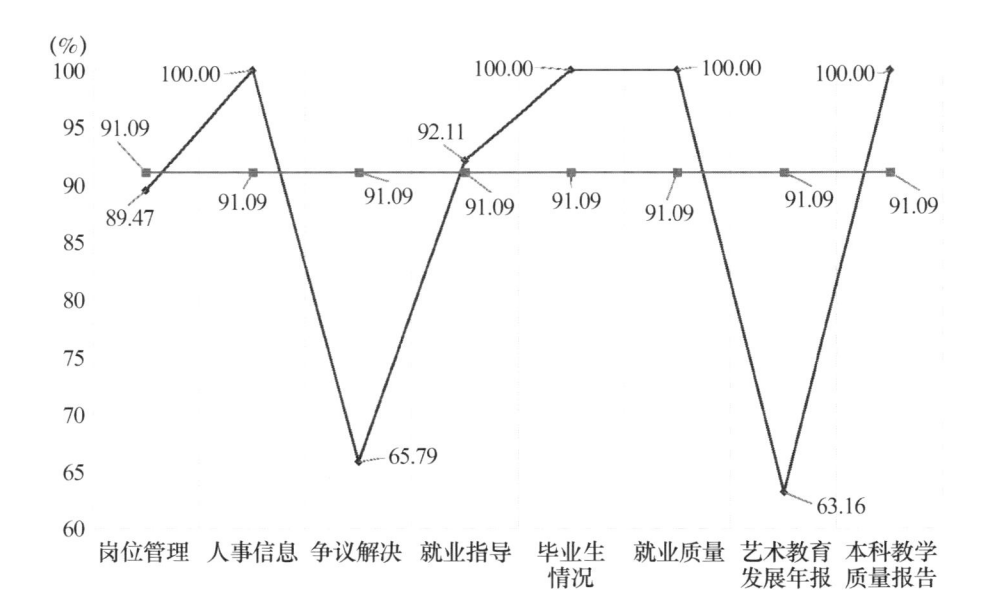

图7-8 人事师资信息和教学质量指标中二级指标平均得分指数情况

业指导、就业信息发布以及教学质量报告发布等方面均已形成了常态化的公开机制，但 42.11% 的高等学校未及时公开本校教职工争议解决办法，36.84% 的高等学校未按要求发布本校艺术教育发展年度报告。

学生管理和应急管理方面，"学籍管理"和"突发事件应急"的平均得分指数均超过了总体平均得分指数，"奖助学金""奖励处罚""学生申诉"的平均得分指数均略低于总体平均得分指数，如图 7-9 所示。这说明，各高等学校能够及时公开本校学籍管理办法，学生奖学金、助学金、学费减免、助学贷款、勤工俭学的申请与管理规定，学生奖励处罚办法等，并能够及时公

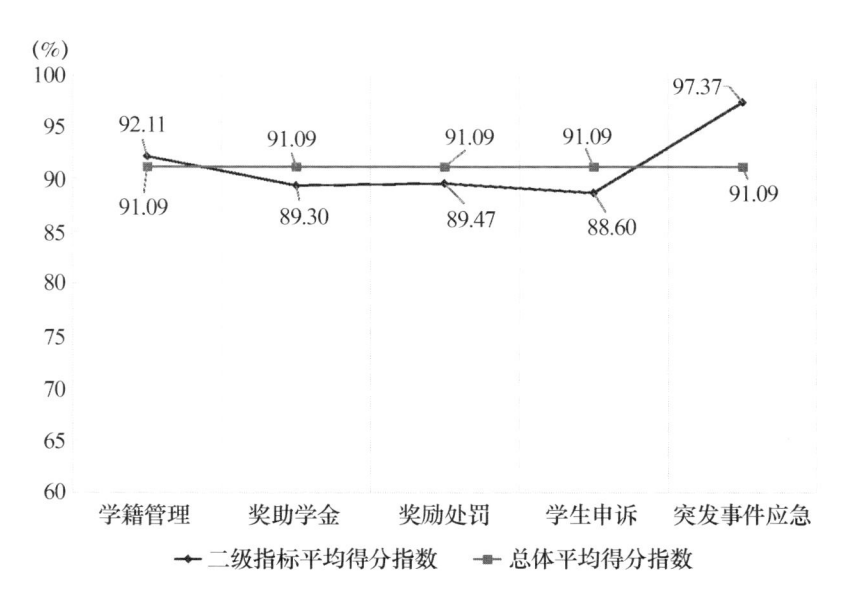

图 7-9 学生管理和应急管理指标中二级指标平均得分指数情况

开本校突发事件的应急处理预案、处置情况，涉及学校的重大事件的调查和处理情况。

信息公开指南和学年信息公开工作年度报告方面，信息公开指南的发布情况和学年信息公开工作年度报告的平均得分指数均超过了总体平均得分指数，信息公开指南内容的平均得分指数也接近总体平均得分指数，如图7-10所示。这说明，各高等学校均能够按要求发布本校信息公开指南和2021—2022学年学校信息公开工作年度报告，且时效和内容基本符合相关要求。

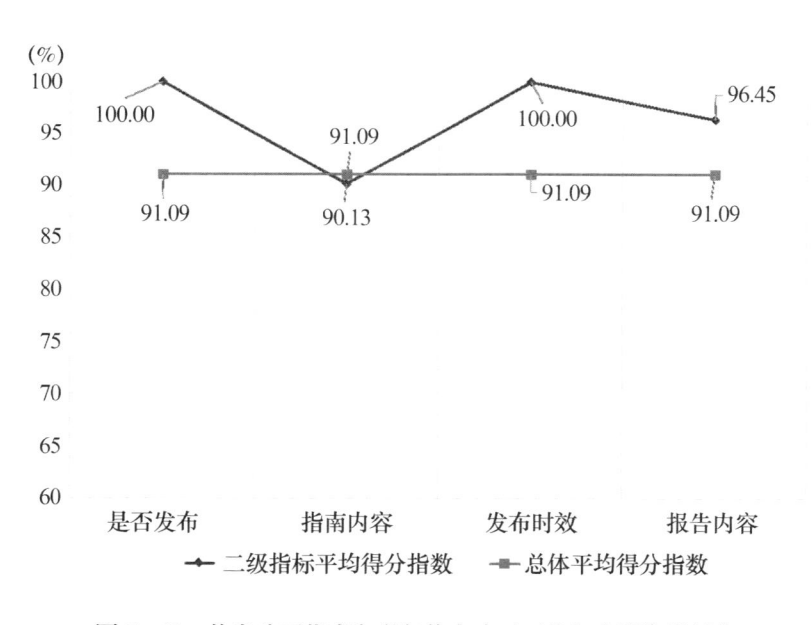

图7-10 信息公开指南和学年信息公开工作年度报告指标中二级指标平均得分指数情况

(二) 普通中小学

1. 总体情况

本次评估，所抽取的 32 所市属普通中小学和 136 所县属普通中小学覆盖了普通高中、普通初中、普通小学、九年一贯制学校、十二年一贯制学校、完全中学等，平均得分为 88.8286 分。其中，70.83% 的普通中小学信息公开评估平均得分超过了 90 分，整体上处于良好的等次。

从办学层次[①]来看，如图 7-11 所示，普通高中、普通初中、普通小学、九年一贯制学校在信息公开平均

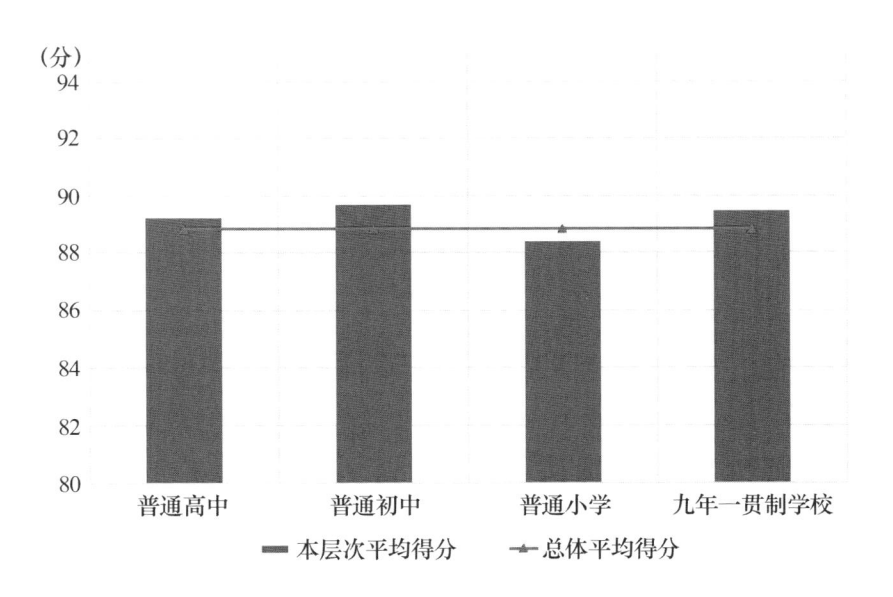

图 7-11 各层次普通中小学平均得分情况

---

① 由于十二年一贯制学校和完全中学抽取的样本较少，所以不参与办学层次的比较。

得分方面，并没有表现出较大的差异性，基本都接近总体平均得分，其中，仅有普通小学信息公开平均得分略低于总体平均得分。这说明，普通中小学信息公开的情况与办学层次并无较大的关联性。

从所属层级来看，市属普通中小学信息公开平均得分为 87.4188 分，县属普通中小学信息公开平均得分为 89.1603 分，县属普通中小学信息公开平均得分略高于市属普通中小学。这说明，本年度各县（市、区）政府及其教育主管部门不断加大对本地区普通中小学信息公开的监督、指导力度，并在县级政府门户网站建立了信息公开专栏，分级分类和集中发布普通中小学信息。

从一级指标来看，如图 7-12 所示，"学校概况"

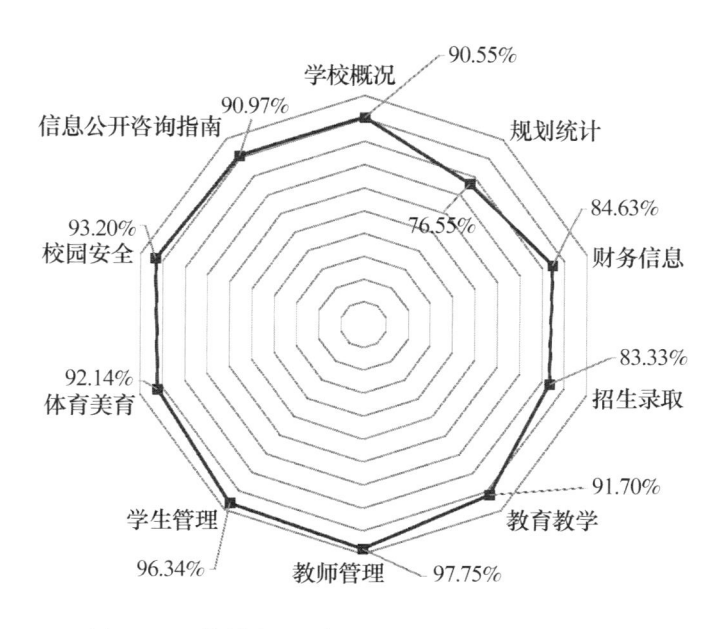

图 7-12 普通中小学各一级指标平均得分指数情况

"教育教学""教师管理""学生管理""体育美育""校园安全""信息公开咨询指南"等一级指标平均得分指数均超过了90%,"招生录取""规划统计""财务信息"等一级指标平均得分指数较低,均在90%以下。

2. 各指标结果分析

学校概况和规划统计方面,"基本简介""机构设置""规章制度""统计数据"的平均得分指数均超过了总体平均得分指数,而"领导信息"和"规划计划"的平均得分指数均远低于总体平均得分指数,如图7-13所示。这说明,各普通中小学能够全面公开本校办学性质、主管部门、办学地点、联系方式、办学规模、办学

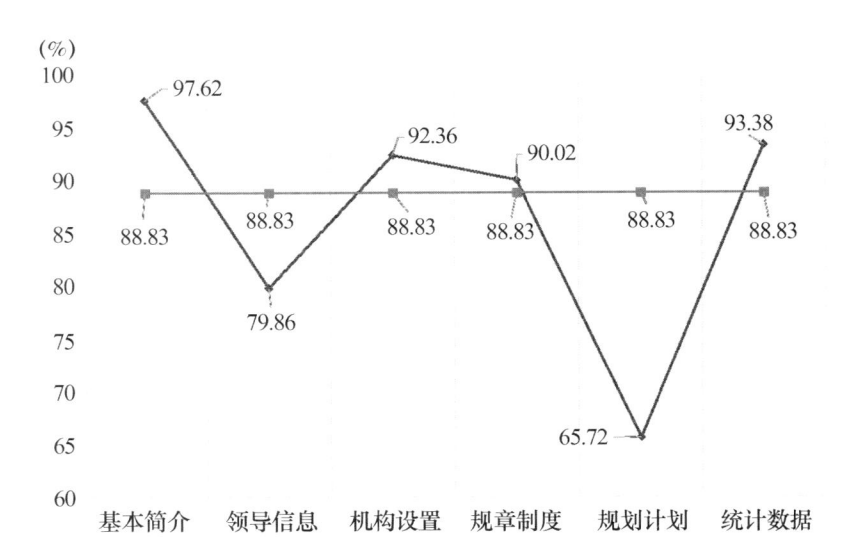

图7-13 学校概况和规划统计指标中二级指标平均得分指数情况

条件、办学特色、师资水平、荣誉奖励、历史沿革等简介信息，以及本校内设管理机构的名称、职能、联系电话，并能够定期公开学校在校生数据、教师数据、办学条件数据等年度统计数据。但评估结果也显示，仍有49.40%的普通中小学未全面公开学校领导班子所有成员的姓名、职务、简历、分工等信息；77.98%的普通中小学未能够及时公开各项规划、计划、任务的执行情况、完成情况。

财务信息和招生录取方面，"收费信息""招生信息"的平均得分指数均超过了总体平均得分指数，而"预决算信息""采购信息""录取信息"的平均得分指数均低于总体平均得分指数，如图7-14所示。这说明，各普通中小学普遍能够落实收费公示和招生透明的制度要求，及时公开学校的收费（含代收费）项目、收费标准和收费依据，以及本校招生范围、招生计划、招生程序、招生条件、咨询电话、救济途径等信息。但与此同时，36.31%的普通中小学未全面公开学校2022年经费预算信息和2021年决算信息，或是仅公开了部分预决算表格；29.76%的普通中小学未集中公开本校大宗物资采购信息和重大基建工程招投标信息；50%的普通中小学未及时公开本校2022年度招生结果，或是招生结果公开内容不详细。

(%)

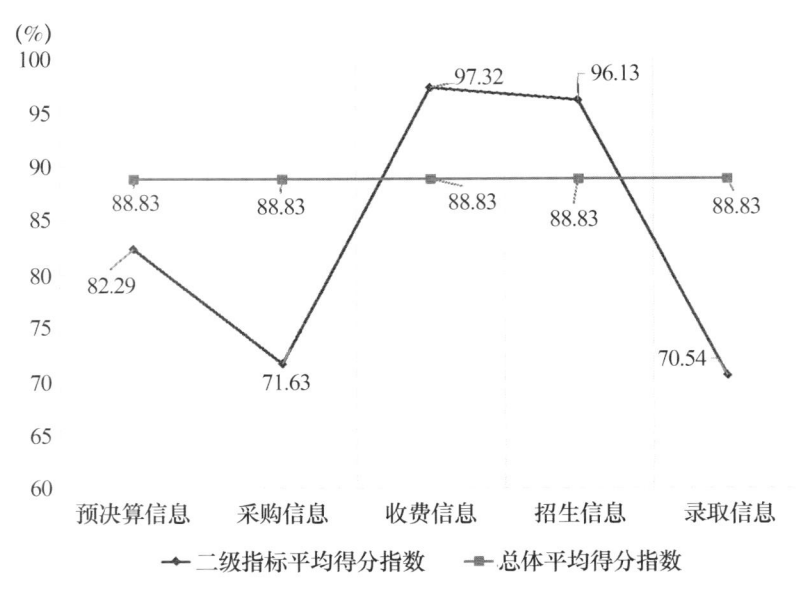

图7-14 财务信息和招生录取指标中二级指标平均得分指数情况

教育教学、教师管理和学生管理方面,"教学信息""教研信息""教师招聘""评先树优""学生资助"的平均得分指数均超过了总体平均得分指数,仅"教材教辅"的平均得分指数低于总体平均得分指数,如图7-15所示。这说明,各普通中小学能够及时公开本校教学计划、教学活动、教学研究活动和成果等信息,并及时发布或转发本校的教师招聘计划、拟聘用人员名单等。另外,各普通中小学普遍能够集中整理适用于本校的学生资助政策、申请指南等,并及时公开对教师、学生县级(含)以上各类评先树优、表彰奖励等的拟推荐人员名单。但与此同时,23.81%的普通中小学未全面公开本校教科书和教辅材料选用、使用目录信息。

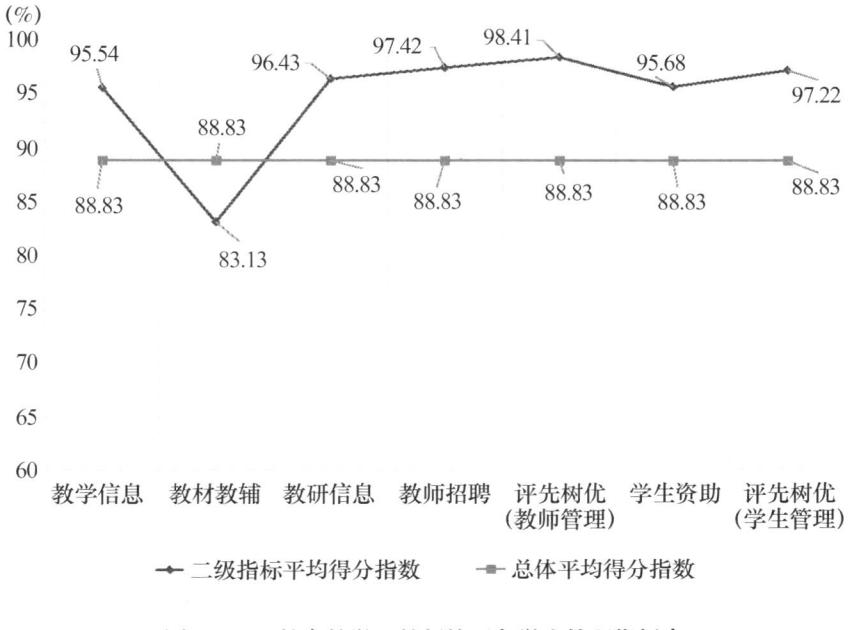

图 7-15 教育教学、教师管理和学生管理指标中
二级指标平均得分指数情况

体育美育、校园安全和信息公开咨询指南方面,"体育评价""美育评价""劳动教育""安全制度""应急预案""信息公开指南是否发布"的平均得分指数均超过了总体平均得分指数,仅"信息公开指南内容全面性"的平均得分指数略低于总体平均得分指数,如图 7-16 所示。这说明,一是绝大多数普通中小学能够及时公开学校体育课、体育训练、体育比赛、体育教师、体育场地、条件保障等体育工作自评结果和学校体育发展年度报告;二是绝大多数普通中小学能够及时公开学校艺术课程、艺术活动、艺术教师、条件保障、特色发展及学生艺术素质测评等艺术教育

工作自评结果和学校艺术教育发展年度报告；三是绝大多数普通中小学能够及时公开劳动教育开展情况等相关信息；四是各普通中小学能够分类整理和集中公开学校课堂教学安全管理、体育课安全管理、实验课安全管理、食品安全管理、校车安全管理、校舍安全管理、消防安全管理、宿舍安全管理等各项安全管理制度，并及时公开学校安全事件、自然灾害、卫生防疫等各项突发事件应急预案。但是，35.12%的普通中小学未发布本校信息公开咨询指南，或未全面涵盖学校接受信息公开咨询的电话号码、接受咨询的时间，接受书面咨询的通信地址、邮政编码等信息。

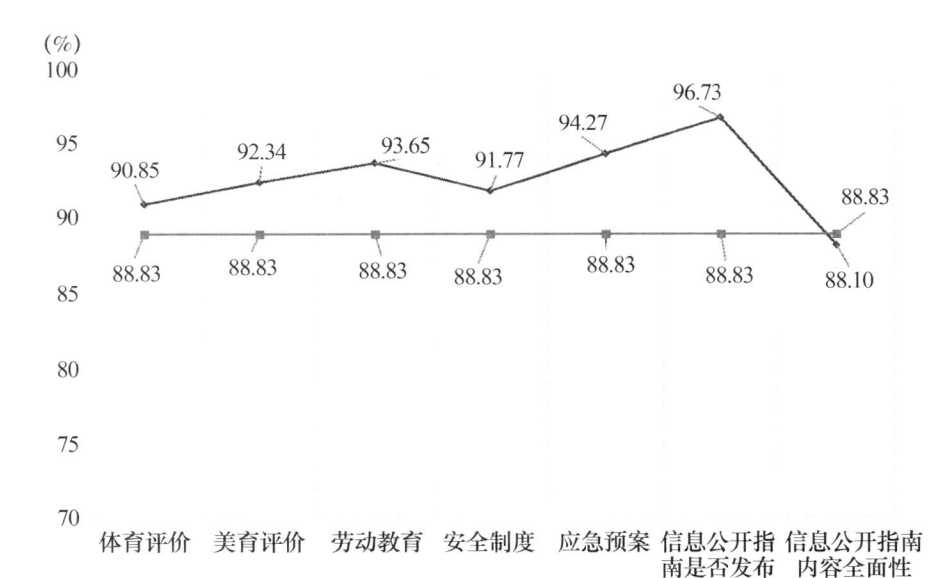

图 7-16 体育美育、校园安全和信息公开咨询指南指标中
二级指标平均得分指数情况

（三）中等职业学校

1. 总体情况

本次评估，所抽取的 16 所中等职业学校信息公开评估平均得分为 87.0938 分。其中，56.25% 的中等职业学校信息公开评估平均得分超过了 90 分，整体上处于良好的等次，但也存在一定程度的两极分化现象。

从一级指标来看，如图 7-17 所示，"学校概况""教育教学""教师管理""学生管理"等指标的平均得分指数均超过了 90%，"规划统计""信息公开咨询指南"等指标的平均得分指数均低于 80%。这说明，各中等职业学校均能够详细公开本校办学性质、主管部门、

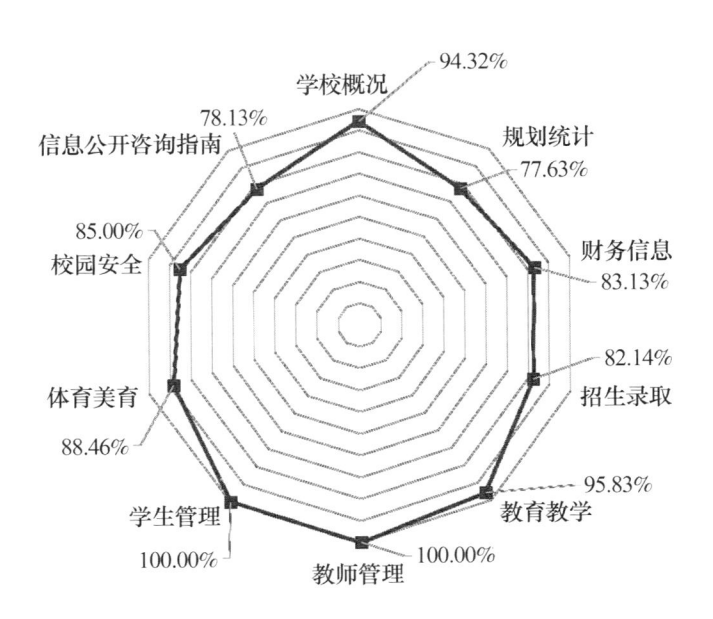

图 7-17 中等职业学校信息公开评估一级指标得分指数情况

办学地点、联系方式、办学规模、办学条件、办学特色、师资水平、荣誉奖励、历史沿革、专业设置及特色、学生就业情况等简介信息,并及时公开教师招聘、学生资助、教学教研等信息。但在规划统计和信息公开咨询指南内容全面性方面仍有待进一步加强。

2. 各指标结果分析

学校概况和规划统计方面,"基本简介""领导信息""机构设置"的平均得分指数均超过了总体平均得分指数,而"规章制度""规划计划""统计数据"的平均得分指数均低于总体平均得分指数,如图 7-18 所

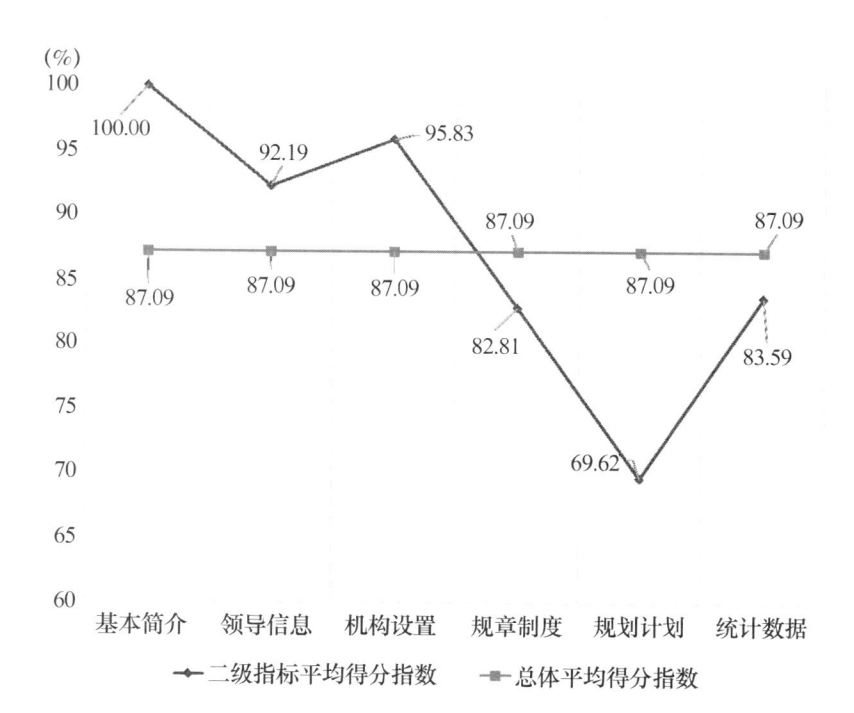

图 7-18 学校概况和规划统计指标中二级指标平均得分指数情况

示。这说明，各中等职业学校普遍能够公开本校的基本简介、领导信息和机构设置等信息。但25.00%的中等职业学校未能够集中整理和分类公开学校现行有效的学生管理、教师管理、财务管理、教学管理、实习实训管理、考试管理等方面的规章制度；93.75%的中等职业学校未及时公开各项规划、计划、任务的执行情况、完成情况；31.25%的中等职业学校未定期公开学校在校生数据、教师数据、办学条件数据等年度统计数据。

财务信息和招生录取方面，"收费信息"和"招生信息"的平均得分指数均超过了总体平均得分指数，而"预决算信息""采购信息""录取信息""就业信息"的平均得分指数均低于总体平均得分指数，如图7-19所示。这说明，各中等职业学校普遍能够落实收费公示和招生透明的制度要求，及时公开学校的收费（含代收费）项目、收费标准和收费依据，以及本校招生范围、招生计划、招生程序、招生条件、咨询电话、救济途径等信息。但与此同时，43.75%的中等职业学校未全面公开学校2022年经费预算信息和2021年决算信息，或是仅公开了部分预决算表格；18.75%的中等职业学校未集中公开本校大宗物资采购信息和重大基建工程招投标信息；43.75%的中等职业学校未及时公开本校2022年度招生结果，或是招生结果公开内容不详细；68.75%的中等职业学校未全面公开本校就业指导服务信息。

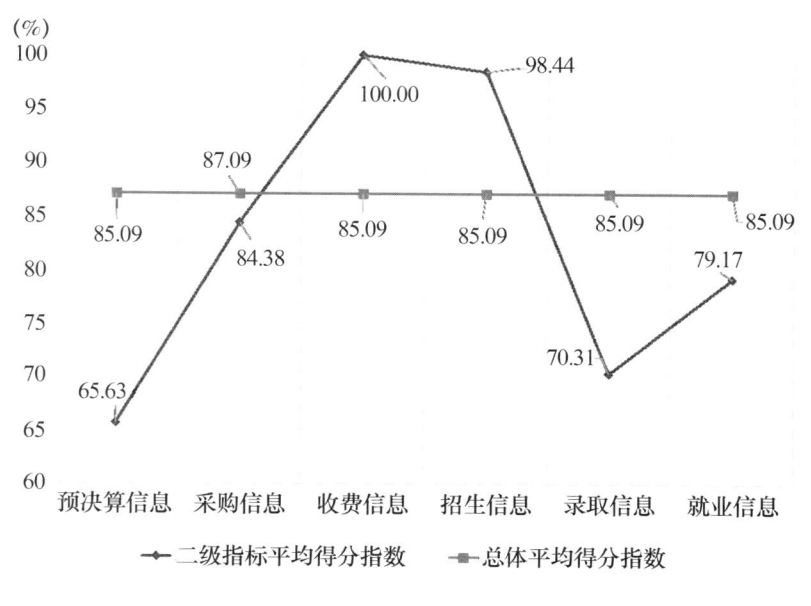

图 7-19　财务信息和招生录取指标中二级指标平均得分指数情况

教育教学、教师管理和学生管理方面,"教学教研""教师招聘""评先树优""学生资助"的平均得分指数均为100%,"校企合作"的平均得分指数超过了总体平均得分指数,仅有"实习实训"的平均得分指数低于总体平均得分指数,如图7-20所示。这说明,各中等职业学校均能够及时公开本校专业设置与专业建设信息、教学计划、教学活动、教学研究活动和成果以及校企合作与产教融合等信息,并及时发布或转发本校的教师招聘计划、拟聘用人员名单等。另外,各中等职业学校普遍能够集中整理适用于本校的学生资助政策、申请指南等，并及时公开对教师、学生县级（含）以上各类评先树优、表彰奖励等的拟推荐人员名单。但与此同时，37.50%的中等职业学校仍需加大本校实习实训信息公开力度。

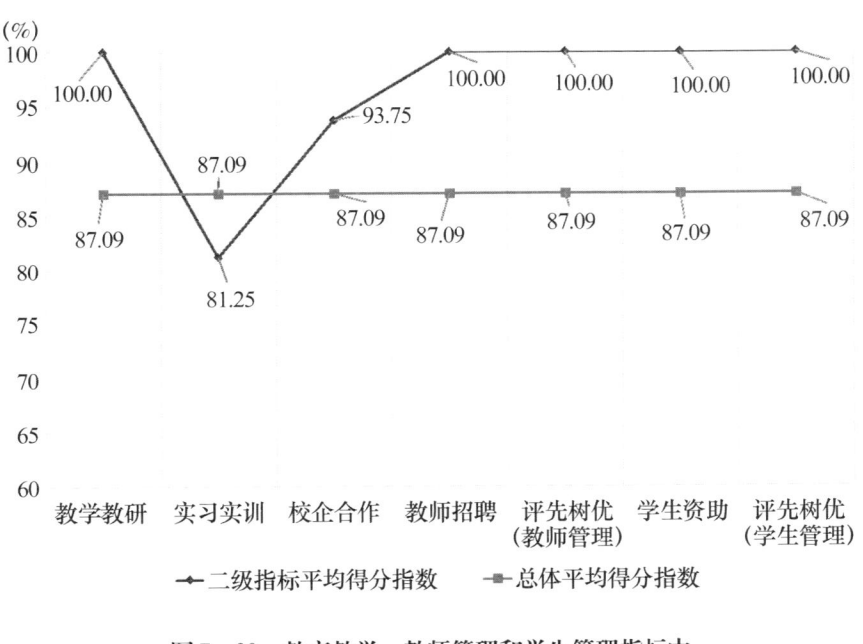

图 7-20　教育教学、教师管理和学生管理指标中
二级指标平均得分指数情况

体育美育、校园安全和信息公开咨询指南方面，仅有"劳动教育""应急预案"的平均得分指数超过了总体平均得分指数，其余所有二级指标的平均得分指数均低于总体平均得分指数，如图 7-21 所示。这说明，各中等职业学校能够及时公开劳动教育开展情况等相关信

(%)
100 ── 100.00
95
90 ── 87.09　87.09　　　　　　93.75　　　87.50
85 ── 84.38　84.38　87.09　87.09　　　87.09　87.09　87.09
80
75 ── 　　　　　　　　79.17
70 ── 　　　　　　　　　　　　　　　　　　　　71.88
65
60
　　体育评价　美育评价　劳动教育　安全制度　应急预案　信息公开指　信息公开指南
　　　　　　　　　　　　　　　　　　　　　　南是否发布　内容全面性

　　──◆── 二级指标平均得分指数　　──■── 总体平均得分指数

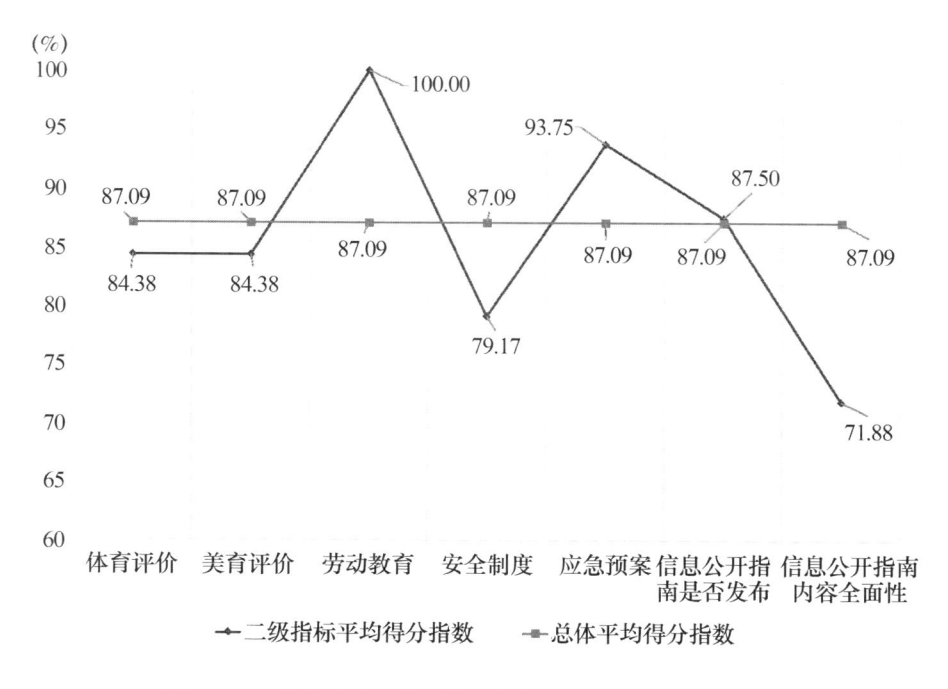

图7-21　体育美育、校园安全和信息公开咨询指南指标中
二级指标平均得分指数情况

息和学校安全事件、自然灾害、卫生防疫等各项突发事件应急预案。但评估结果也显示，仍有18.75%和12.50%的中等职业学校未公开学校体育工作自评结果和学校体育发展年度报告；18.75%和12.50%的中等职业学校未公开艺术教育工作自评结果和学校艺术教育发展年度报告；31.25%的中等职业学校未分类公开学校课堂教学安全管理、体育课安全管理、实验课安全管理、食品安全管理、校车安全管理、校舍安全管理、消防安全管理、宿舍安全管理等各项安全管理制度。同时，50%的中等职业学校未发布本校信息公开咨询指

南，或未全面涵盖学校接受信息公开咨询的电话号码、接受咨询的时间，接受书面咨询的通信地址、邮政编码等信息。

二 医疗卫生领域

医疗卫生领域方面，主要是抽取了省属医院、市属医院、市属妇幼保健机构、市属疾病预防控制中心、县属医院和县属基层医疗卫生机构开展线上信息公开评估，同时抽取了部分省属医院开展了线下信息公开评估。参与评估的所有医疗卫生领域公共企事业单位信息公开平均得分为 87.1828 分，其中，医院平均得分为 86.4831 分，妇幼保健机构平均得分为 89.9004 分，疾病预防控制中心平均得分为 86.1431 分，基层医疗卫生机构平均得分为 87.8052 分，如图 7-22 所示。

从医疗卫生机构类项来看，妇幼保健机构信息公开平均得分最高，接近 90 分，基层医疗卫生机构信息公开平均得分略高于总体平均得分，而医院和疾病预防控制中心信息公开平均得分均低于总体平均得分。这说明，一方面各市政府对市属妇幼保健机构信息公开工作高度重视，持续加强调度和指导，取得了明显的成效；另一方面，虽然基层医疗卫生机构信息公开水平参差不齐，但整体水平相对来说保持了较高的标准。同时，医

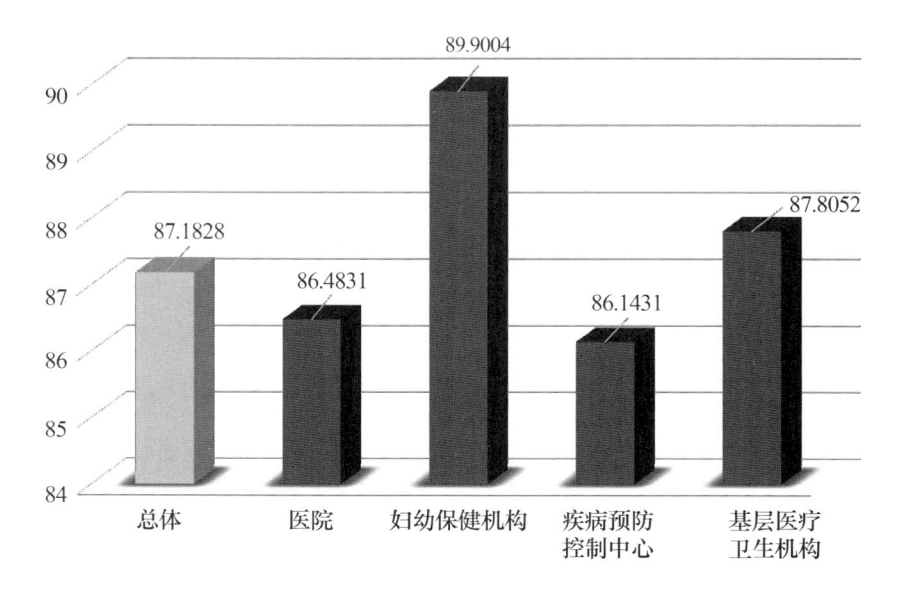

图 7-22 医疗卫生领域公共企事业单位信息公开评估平均得分情况

院由于涉及信息公开内容较多，疾病预防控制中心由于对外服务内容较少，所以在信息公开方面，仍然有待进一步加大力度。

(一) 医院

1. 总体情况

本次评估，共抽取了 10 家省属医院、16 家市属医院和 133 家县属医院开展线上信息公开评估，又抽取了 3 家省属医院开展线下信息公开评估。所抽取的 162 家医院的平均得分为 86.4831 分，其中，49.38% 的医院信息公开评估得分超过了 90 分，整体处于良好的等次。

从所属层级来看，市属医院信息公开平均得分最高，县属医院次之，省属医院信息公开平均得分最低，如图 7-23 所示。市属医院和县属医院大多都在地方政府门户网站建立了信息公开专栏，按照《医疗卫生机构信息公开管理办法》（国卫办发〔2021〕43 号）要求，规范发布有关信息。省属医院基本都建立了本院的官方网站和微信公众号，但由于缺乏统一的网站建设要求，信息发布相对较为散乱，一定程度上影响了公开的效果。

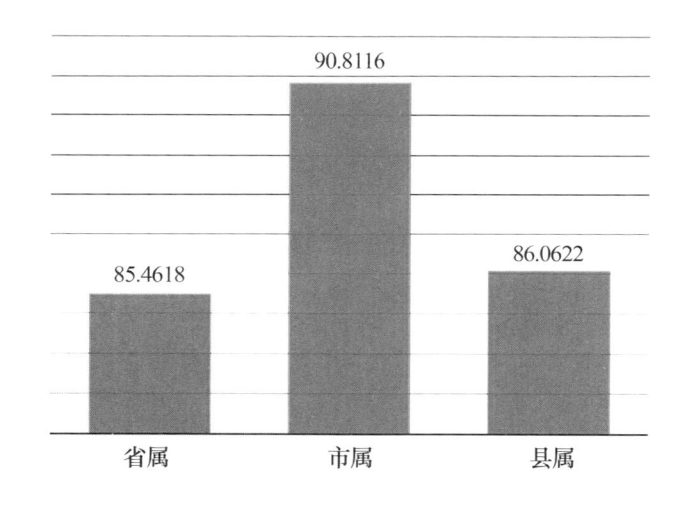

图 7-23　各层级医院信息公开评估平均得分情况

（省属 85.4618；市属 90.8116；县属 86.0622）

从一级指标来看，"资质标识""环境导引""便民服务"等指标的平均得分指数均高于 90%，"基础信息""诊疗服务""行风与投诉"等指标的平均得分指数也均高于 80%，如图 7-24 所示。这说明，各医院在机构人员标识、设备技术许可、价格公示、环境导引和便民服务方面，能够严格按照有关要求公开信息或提供服务。

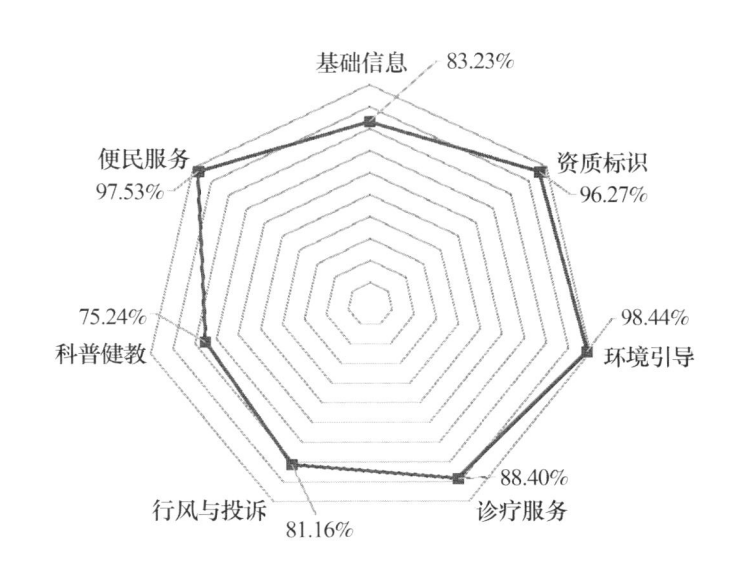

图 7-24 医院各一级指标评估平均得分指数情况

（基础信息 83.23%；资质标识 96.27%；环境引导 98.44%；诊疗服务 88.40%；行风与投诉 81.16%；科普健教 75.24%；便民服务 97.53%）

2. 各指标结果分析

基础信息方面，"工作机构""机构概况"的平均得分指数均超过了总体平均得分指数，"制度体系"的平均得分指数较低，如图 7-25 所示。这说明，各医院均能够公开医院名称、医院等级、公共服务职能、历史沿革、诊疗项目、科室（部门）概况、设备人员概况等简介信息，以及本院领导姓名、职务等信息。同时，各医院普遍在部门职能概况、领导小组成立文件或是信息公开制度中进一步明确了信息公开工作的管理部门或专门人员。但各医院在信息公开制度体系建设方面仍有改

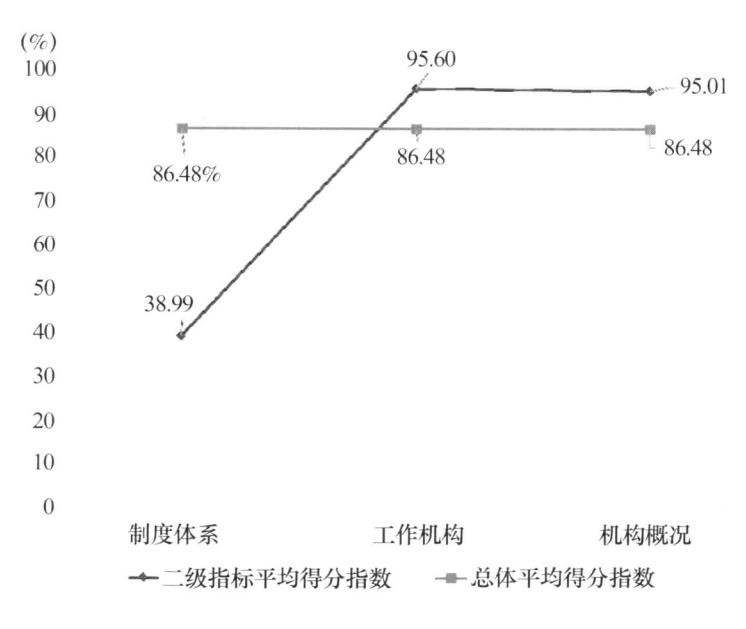

图 7-25 基础信息指标中二级指标平均得分指数情况

进空间，评估结果显示，多数医院能够制定本院信息公开或院务公开制度，但主要侧重于公开内容的规定，对于审核发布、管理维护、咨询回应等工作的规定不够细化；部分医院信息公开制度制定时间较早，未根据《医疗卫生机构信息公开管理办法》（国卫办发〔2021〕43号）进行修订。

资质标识方面，"机构标识""人员标识""设备及技术许可""重点研究平台""价格"的平均得分指数均超过了总体平均得分指数，如图 7-26 所示。评估结果显示，91.82%的医院能够定期公开本院床位、大型设备等资源配置情况；97.48%的医院在网站上明确公示医疗服务项目、价格及计价标准等以及药品、医用耗材品规及价格等。同时，各医院普遍能够在大厅明显位置悬挂《医疗机构执业许可证》（如图7-27所示），以及等级评审、医保定点等名称标识，并在大型医用设备使用场所的显著位置悬挂大型医用设备配置许可证正本；医护、行政及后勤等人员也均在名牌上标识了姓名、科室（部门）、职务（职称）等。另外，各医院在大屏滚动公布医疗服务项目、药品、医用耗材价格的同时，普遍放置了自助查询机，可查询和检索相关价格信息，如图7-28所示，极大方便了就医群众。

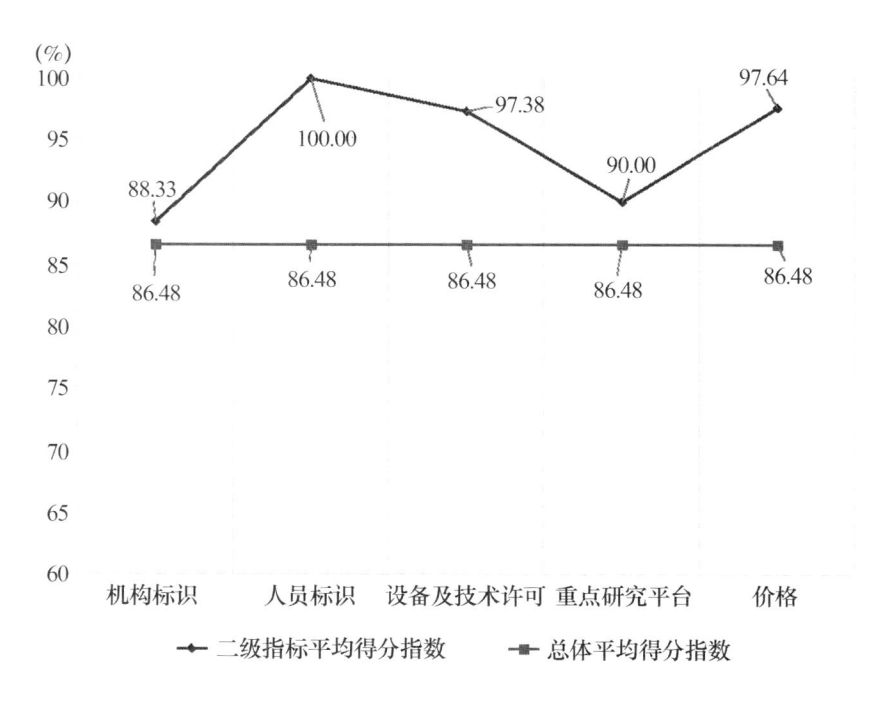

图7-26 资质标识指标中二级指标平均得分指数情况

图 7-27 《医疗机构执业许可证》悬挂位置

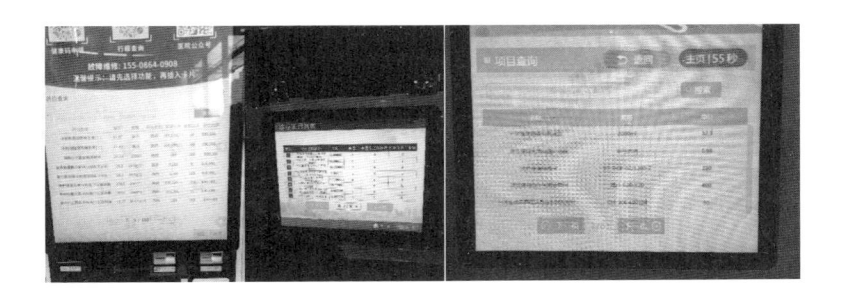

图 7-28 医疗服务项目、药品和医用耗材价格查询系统

环境导引方面,"交通导引""内部导引""公卫措施""安全警示""应急指引"的平均得分指数均超过了总体平均得分指数,如图 7-29 所示。评估结果显示,96.67% 的医院能够在院门或大厅外明显位置准确公示周边的公共交通线路和相应站点名称(如图 7-30 所示)、车辆入口与出口指示、院内停车场、院内行车指引、停车收费标识等;各医院均在大厅内明显位置明确各科室(部门)的名称、位置及指引标识、急诊"绿色通道"指引标识等(如图 7-31 所示);98.11% 的医

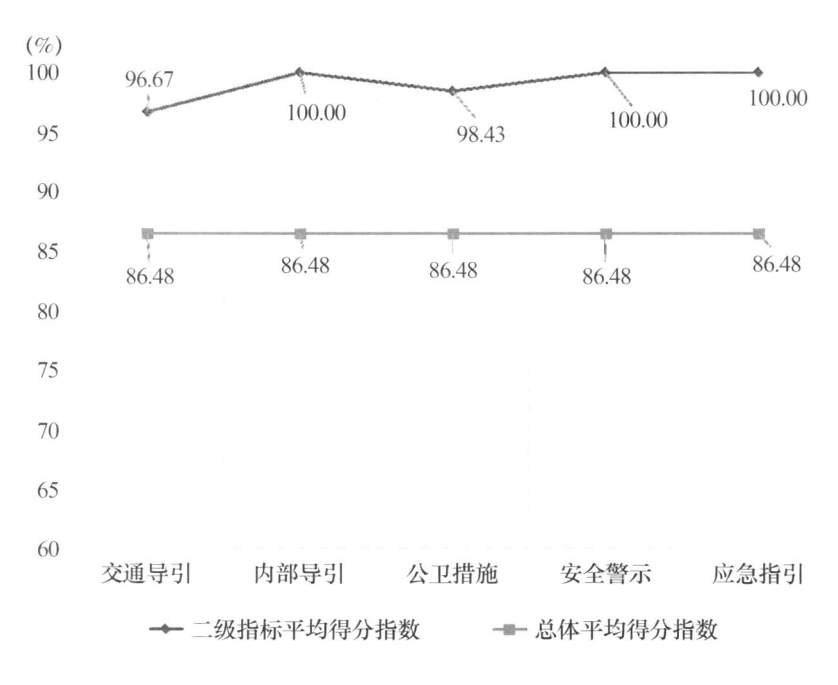

166　下篇　公共企事业单位第三方评估报告

图 7-29　环境导引指标中二级指标平均得分指数情况

图 7-30　医院周边公共交通线路公示

图7-31 医院各科室（部门）位置指引标识、
急诊"绿色通道"指引标识

院及时公开了本院公共卫生预防控制相关信息，落实政府应急处置措施的相关信息等；各医院均在现场服务场所按规定设立安全（防火、防盗、安检等）警示标识及危险提示标志等，并在明显位置标识突发事件的应急疏散和安全通道路线、指引标牌、路线等。

诊疗服务方面，"服务时间""就诊须知""住院须知""远程医疗""特需诊疗""临床研究"的平均得分指数均超过了总体平均得分指数且高于90%，"分级诊疗""社区服务"的平均得分指数均接近总体平均得分指数，"专业介绍""预约诊疗""检查检验"的平均得分指数均低于总体平均得分指数，如图7-32所示。这说明，各医院普遍能够公开本院门诊、急诊服务时间、病房探视时间及各项服务的办理时间等，并详细公示就诊、住院等流程、应知晓的事务等。对远程诊疗和特需诊疗的服务流程、内容以及相关导引，以及临床试验和临床研究项目信息等，也能够在官方网站进行公示。但评估结果也显示，25.79%的医院未能够详细公开专业方向，临床、检验、检查等专业服务项目名称及特色服务的相关内容等；61.64%的医院未全面公开需要或可以预约的诊疗、临床检验、检查等的预约途径、流程、方法及注意事项等；25.16%的医院未公开临床检验、超声、影像学等辅助检查报告获取时间及方式；18.87%的医院未全面公开医联体业务合作的医疗卫生服务机构、专家介绍、服务内容、流程、联系方式等。

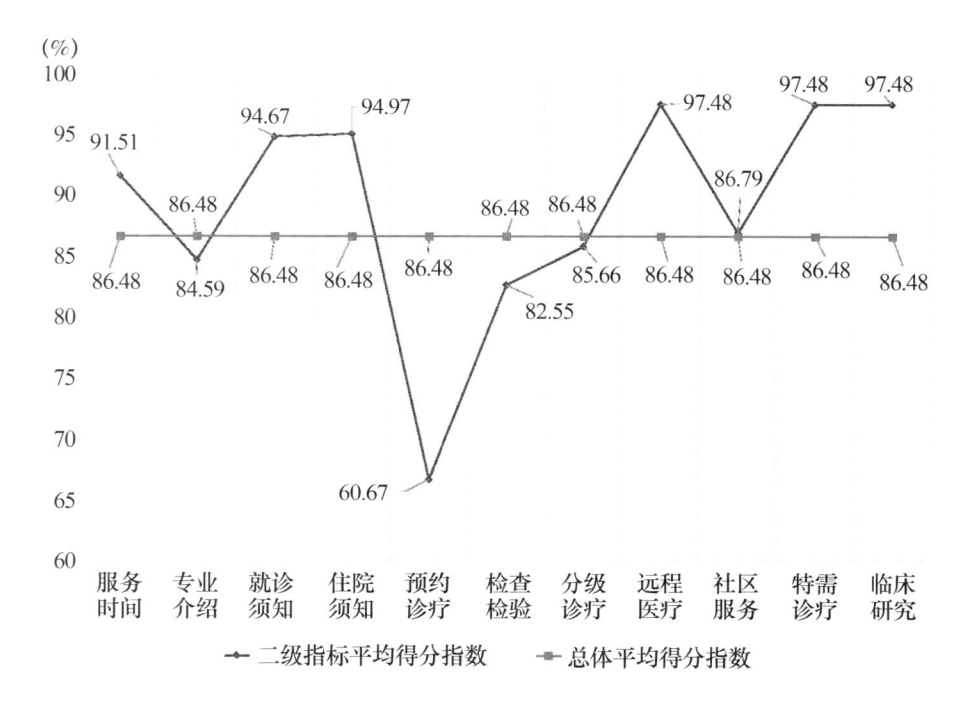

图 7-32 诊疗服务指标中二级指标平均得分指数情况

行风与投诉方面,"行风建设""依法执业自查""投诉途径""纠纷处理"的平均得分指数均超过了总体平均得分指数,"招标采购""医疗秩序"的平均得分指数均低于总体平均得分指数,如图7-33所示。评估结果显示,绝大多数医院能够及时公开行风建设及廉洁从业九项准则相关规定和《医疗机构依法执业承诺书》等,全面公开投诉处理程序、地点、接待时间和联系方式等,解决医疗纠纷的合法途径以及相关部门地点、联系方式等。但与此同时,36.48%的医院仅是公开了政府采购的相关文件要求,未能够集中公开执行政府采购依法应当公开的相关信息;61.64%的医院未集

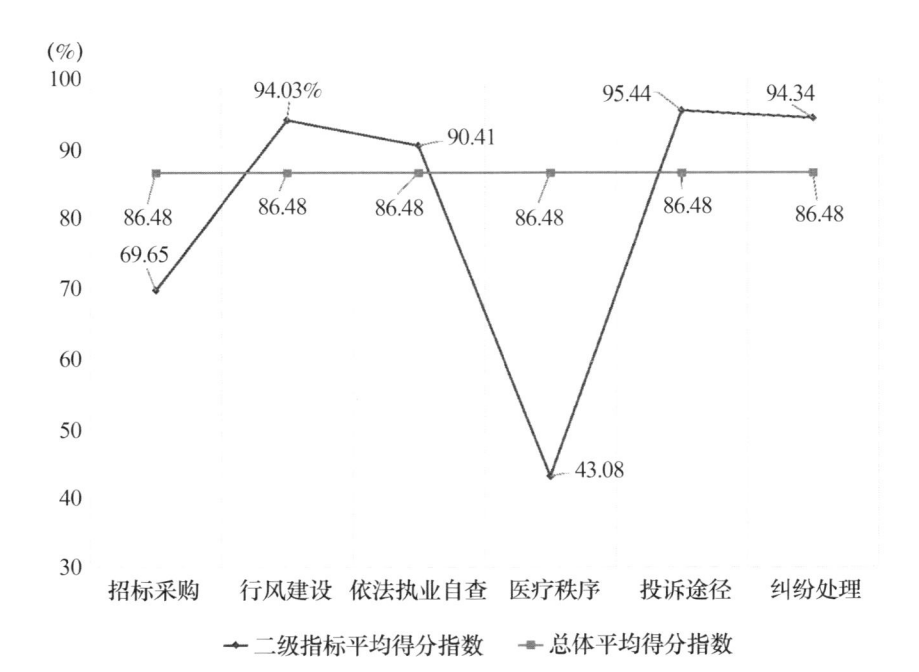

图7-33 行风与投诉指标中二级指标平均得分指数情况

中整理和分类公开为维护正常医疗秩序患者应当遵守的相关法律、法规、规定及注意事项等。

科普健教方面,"健康教育"的平均得分指数略高于总体平均得分指数,而"健康科普"的平均得分指数较低,如图7-34所示。这说明,各医院普遍高度重视健康教育信息公开工作,及时公开开展健康讲座等健康教育活动的时间、内容、地点,全面公开患者健康教育制度及流程等,以及无烟医疗卫生机构建设制度及管理办法。但同时,65.41%的医院在健康保健及疾病防治、康复等方面的科普知识公开不及时、不全面,或不方便公众查看和获取。

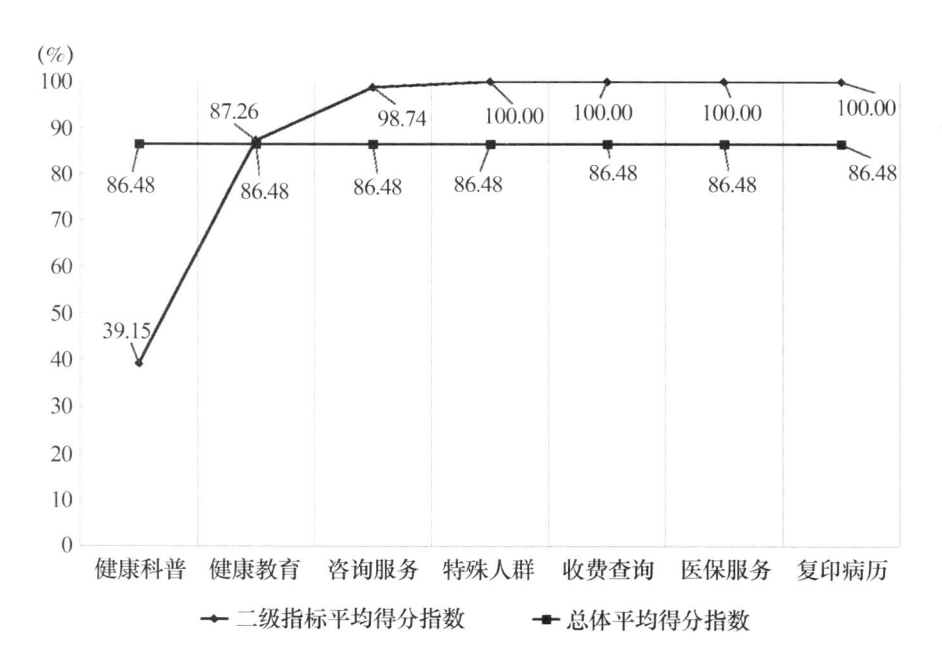

图7-34 科普健教和便民服务指标中二级指标平均得分指数情况

便民服务方面,所有二级指标平均得分指数均超过了总体平均得分指数。评估结果也显示,各医院在大厅中明确了咨询台(窗口)标识、路线等(如图7-35所示),97.48%的医院还公开了在线咨询服务的有关内容;各医院在挂号、收费或结算窗口设置了军人、残疾人、老年人等特殊人群优先服务窗口标识等(如图7-36所示);各医院均明确公示医保支付、报销流程、病历复印流程和收费说明,并设置了地点、导引路线标识(如图7-37和图7-38所示)。

图7-35 咨询台(窗口)及相关标识、路线

图7-36 特殊人群优先服务窗口标识

图 7-37　医保支付、报销流程公示和相关地点标识

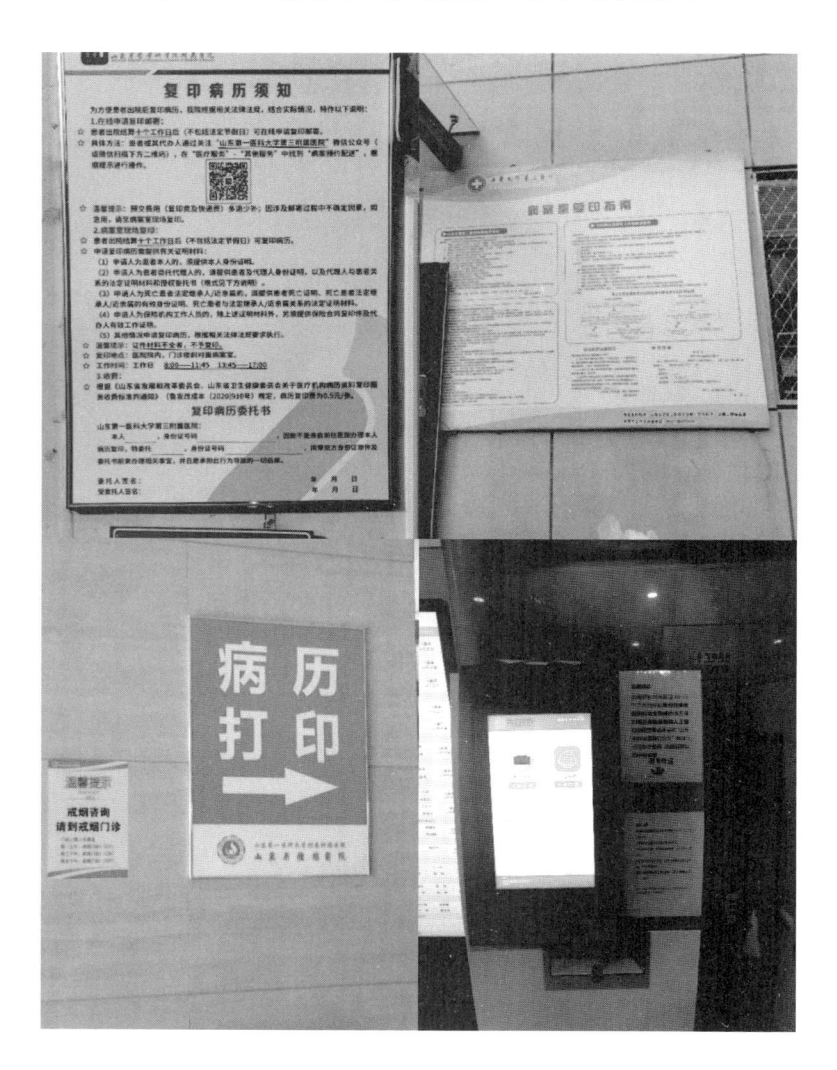

图 7-38　病历复印的流程、收费说明公示和相关地点导引线路

（二）妇幼保健机构

1. 总体情况

本次评估，所抽取的 16 家市属妇幼保健机构信息公开评估平均得分为 89.9004 分[①]。其中，75% 的市属妇幼保健机构信息公开评估平均得分超过了 90 分，整体上保持了较高的标准和水平。

从一级指标来看，"资质标识""环境导引""诊疗服务""便民服务"的平均得分指数均超过了 90%，而"基础信息""行风与投诉""科普健教"的平均得分指数均低于总体平均得分指数，如图 7 - 39 所示。这说

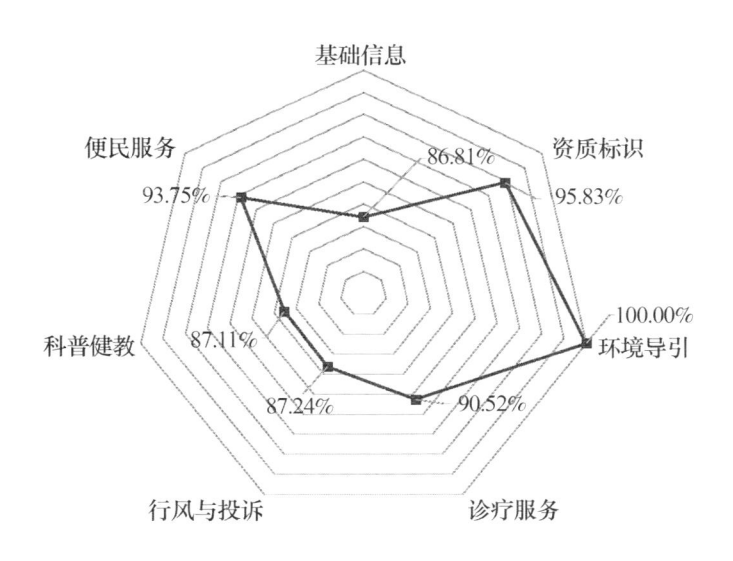

图 7 - 39 妇幼保健机构信息公开评估一级指标得分指数情况

---

① 本次评估只对评估指标体系中标注为"网上采集"或"网上采集 + 现场查看"的指标进行评估，未对"现场查看"指标开展评估。

明,各妇幼保健机构普遍高度重视就诊、住院等诊疗服务和便民服务信息的公开,并提高在线咨询服务。

2. 各指标结果分析

基础信息方面,"机构概况"的平均得分指数超过了总体平均得分指数,而"制度体系""工作机构"的平均得分指数均低于总体平均得分指数,如图7-40所示。这说明,各妇幼保健机构均能够公开名称、等级、公共服务职能、历史沿革、诊疗项目、科室(部门)概况、设备人员概况等简介信息,以及本机构领导姓名、职务等信息。但同时,多数妇幼保健机构对于审核发

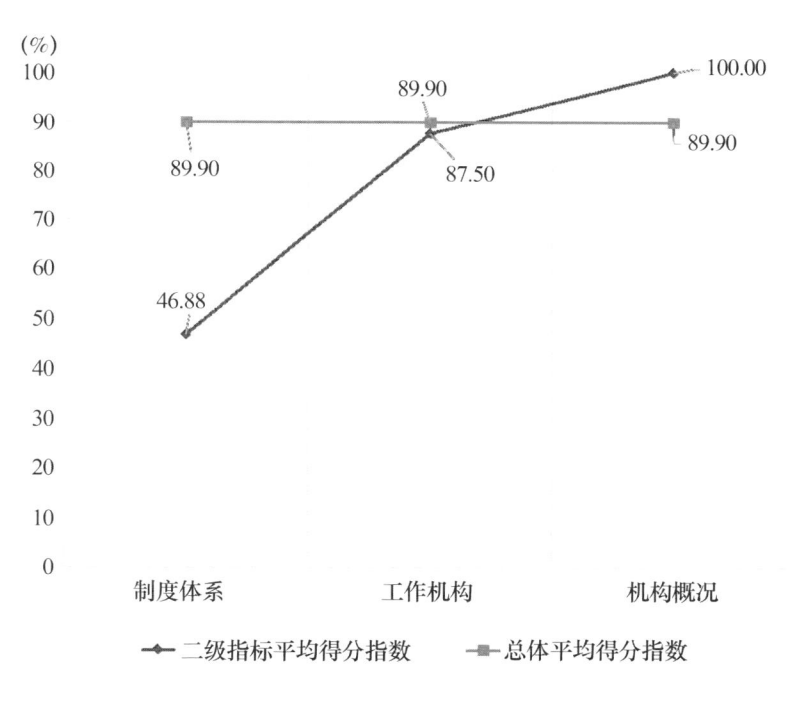

图7-40 基础信息指标中二级指标平均得分指数情况

布、管理维护、咨询回应等工作的规定不够细化;部分妇幼保健机构信息公开制度制定时间较早,未根据《医疗卫生机构信息公开管理办法》(国卫办发〔2021〕43号)进行修订。

资质标识和环境导引方面,"价格""公卫措施"的平均得分指数均高于总体平均得分指数,仅"设备及技术许可"的平均得分指数低于总体平均得分指数,如图7-41所示。这说明,各妇幼保健机构均能够明确公示医疗、保健服务项目、价格及计价标准以及药品、医用耗材品规及价格等,并及时公开本机构公共卫生预防控制相关信息,落实政府应急处置措施的相关信息等。

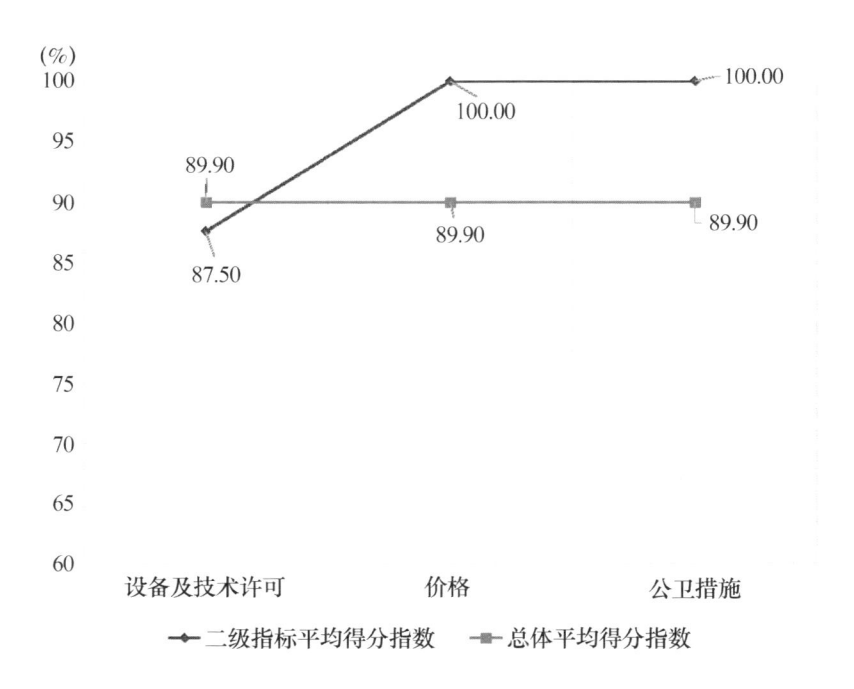

图7-41 资质标识和环境导引指标中二级指标平均得分指数情况

诊疗服务方面，12.50%的妇幼保健机构未能定期公开本院床位、大型设备等资源配置情况。

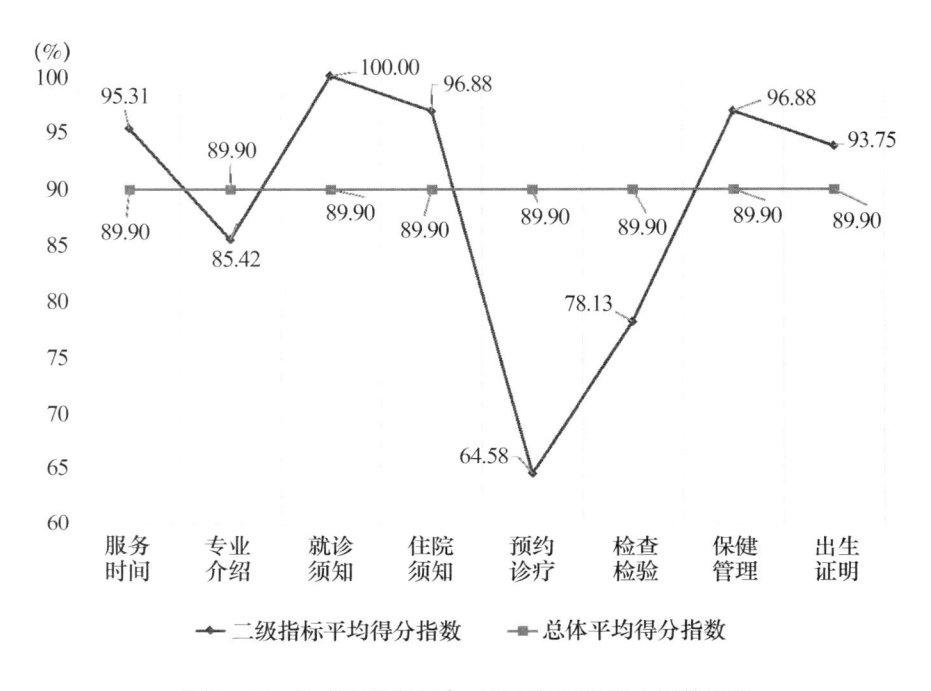

图7-42 诊疗服务指标中二级指标平均得分指数情况

"服务时间""就诊须知""住院须知""保健管理""出生证明"的平均得分指数均超过了总体平均得分指数，而"专业介绍""预约诊疗""检查检验"的平均得分指数均低于总体平均得分指数。这说明，各妇幼保健机构普遍能够全面公开门诊、急诊服务时间，病房探视时间及各项服务的办理时间等，及时公示就诊、住院等流程、应知晓的相关事务、注意事项及应遵守的规章制度等。多数妇幼保健机构及时公开了院内外妇幼保健管理信息、开展的妇幼保健服务项目、辖区妇幼保健工作运行程序等信息，并详细公开了出生医学证明办理的程序、时间及地点等。但评估结果也显示，25.00%的妇幼保健机构未详细公开本机构专业方向，临床、保健、检验、检查等专业服务项目名称及特色服务的相关内容等；62.50%的妇幼保健机构未全面公开需要或可以预约的诊疗、临床检验、检查等的预约途径、流程、方法及注意事项等；37.50%的妇幼保健机构未公开临床检验、超声、影像学等辅助检查报告获取时间及方式。

行风与投诉方面，"招标采购""行风建设""依法执业自查""投诉途径""纠纷处理"的平均得分指数均超过了总体平均得分指数，仅"医疗秩序"的平均得分指数低于总体平均得分指数，如图7-43所示。这说明，各妇幼保健机构能够及时公开招标采购信息、行风建设及廉洁从业九项准则相关规定和《医疗机构依法执业承诺书》等，全面公开投诉处理程序、地点、接待时间和联系方式等，以及解决医疗纠纷的合法途径以及相关部门地点、联系方式等。但50.00%的妇幼保健机构未集中整理和分类公开为维护正常医疗秩序患者应当遵守的相关法律、法规、规定及注意事项等。

科普健教和便民服务方面，"健康教育""咨询服务"的平均得分指数均超过了总体平均得分指数，"健

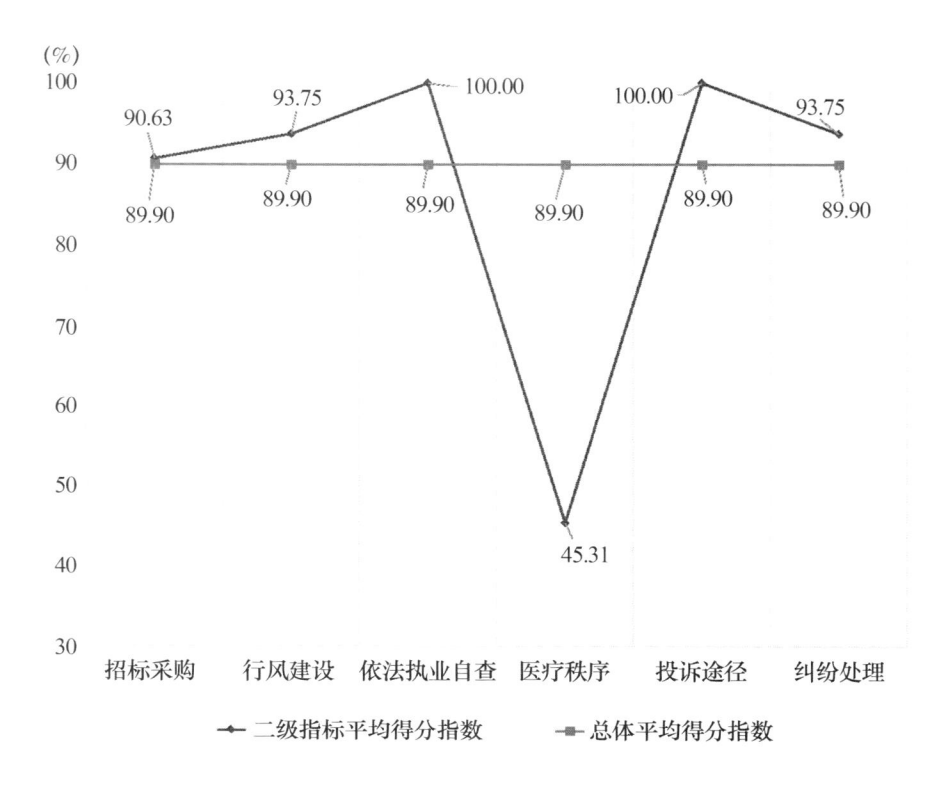

图 7-43　行风与投诉指标中二级指标平均得分指数情况

康科普"的平均得分指数低于总体平均得分指数,如图 7-44 所示。这说明,各妇幼保健机构普遍较为重视患者健康教育,并通过网站、电话、微信小程序等方式提供在线咨询服务。但 43.75% 的妇幼保健机构在妇女儿童疾病防治及妇幼保健方面的科普知识公开不及时、不全面,或不方便公众查看和获取。

(三) 疾病预防控制中心

1. 总体情况

本次评估,所抽取的 16 家市属疾病预防控制中心

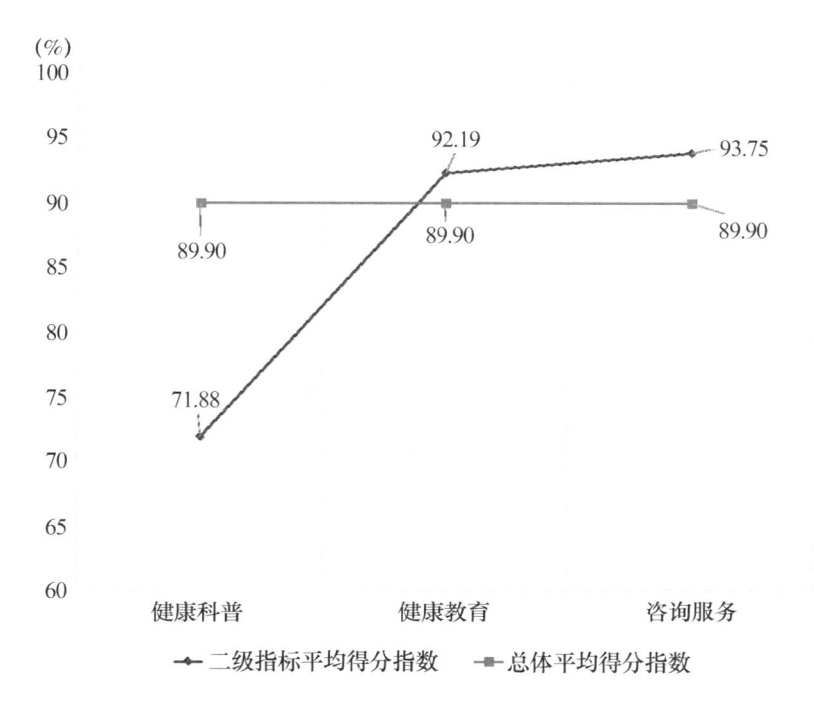

图 7-44　科普健教和便民服务指标中二级指标平均得分指数情况

信息公开评估平均得分为 86.1431 分[①]，相较于医院和妇幼保健机构，疾病预防控制中心信息公开水平有待进一步提升。其中，68.75% 的市属疾病预防控制中心信息公开评估平均得分超过了 90 分，整体上处于良好的等次。

从一级指标来看，"便民服务"的平均得分指数超过了 90%，"行风与投诉"的平均得分指数接近 90%，"基础信息""资质标识""公共卫生服务""科普健教"的平均得分指数均低于 90%，如图 7-45 所示。这说

---

① 本次评估只对评估指标体系中标注为"网上采集"或"网上采集+现场查看"的指标进行评估，未对"现场查看"指标开展评估。

明，各疾病预防控制中心在基础信息、公共卫生服务、科普健教等方面，仍有待进一步加大公开推进力度。

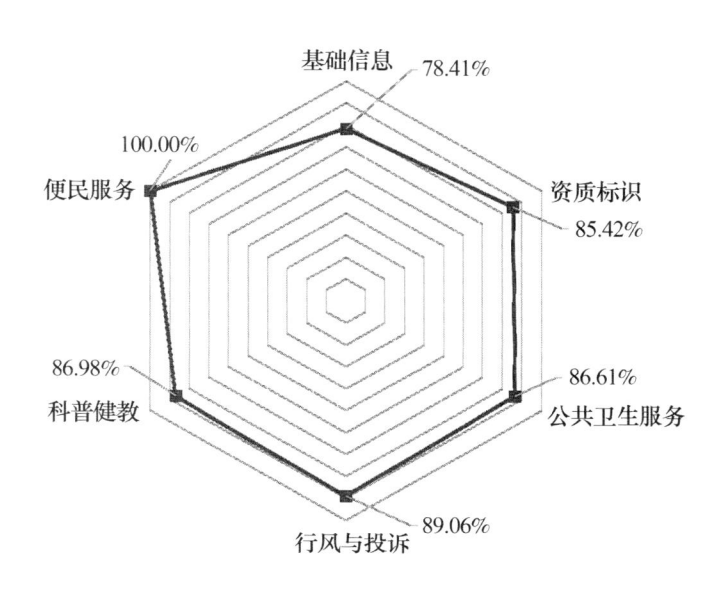

图 7-45 疾病预防控制中心信息公开评估一级指标得分指数情况

2. 各指标结果分析

基础信息方面，"机构概况"的平均得分指数高于总体平均得分指数，而"制度体系""工作机构"的平均得分指数均低于总体平均得分指数，如图 7-46 所示。这说明，各疾病预防控制中心均能够公开名称、公共服务职能、历史沿革、科室（部门）概况、设备人员概况等简介信息，以及本机构领导姓名、职务等信息。但大多数的疾病预防控制中心对于审核发布、管理维护、咨询回应等工作的规定不够细化，或未根据《医疗卫生机构信息公开管理办法》（国卫办发〔2021〕43号）进行修订；18.75%的疾病预防控制中心未进一步明确负责信息公开工作的管理部门或专门人员。

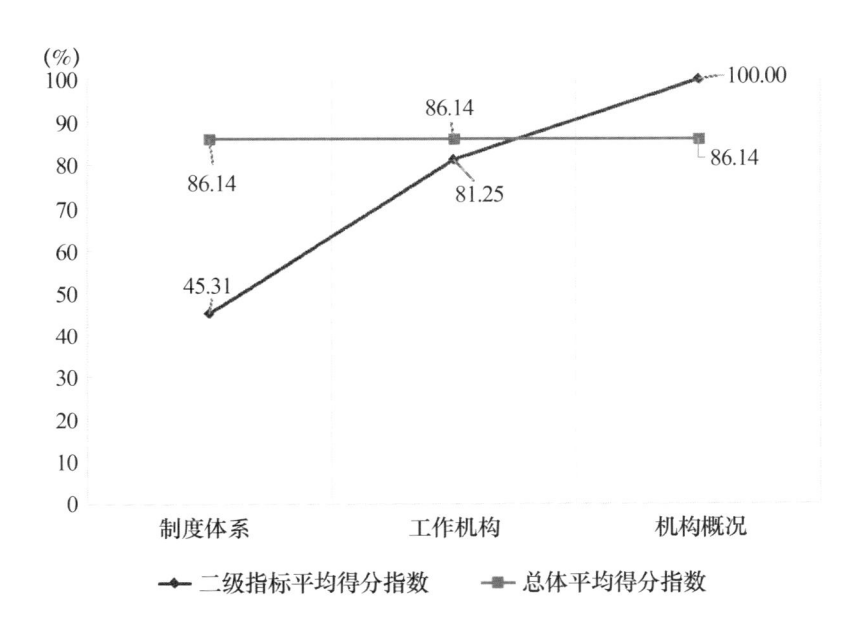

图 7-46 基础信息指标中二级指标平均得分指数情况

资质标识和公共卫生服务方面，"设备及技术许可""服务时间""预防接种""传染病防控""突发公共卫生事件"的平均得分指数均高于总体平均得分指数，而"服务价格""服务项目""免费治疗""健康危害因素"的平均得分指数均低于总体平均得分指数，如图 7-47 所示。评估结果显示，93.75%的疾病预防控制中心能够定期公开本机构大型设备等资源配置情况；81.25%

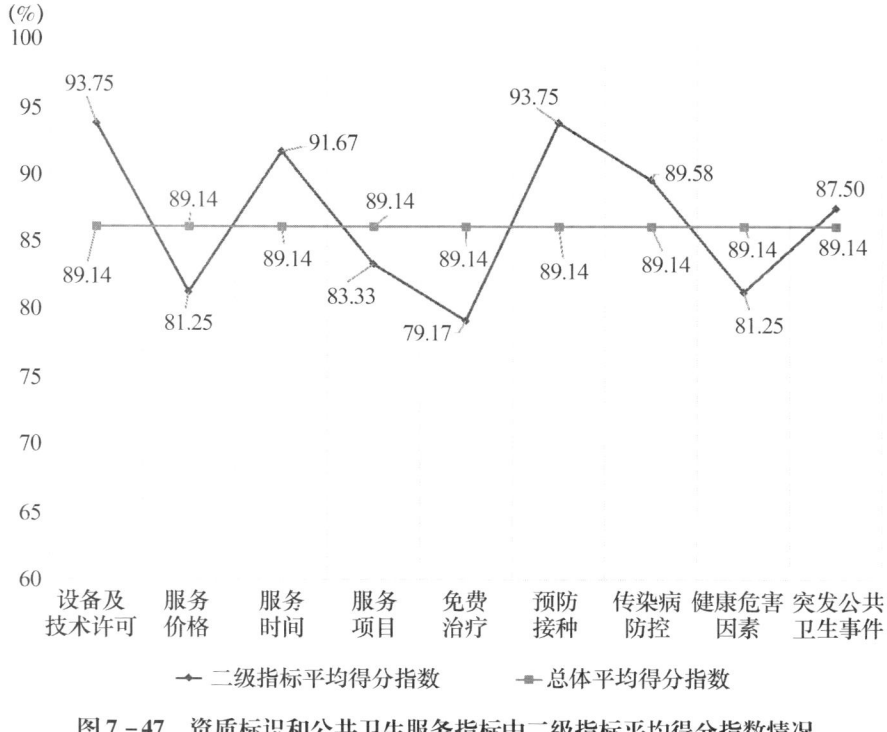

图 7-47 资质标识和公共卫生服务指标中二级指标平均得分指数情况

的疾病预防控制中心明确公示了服务项目价格表、药品、医用耗材价格等；87.50%的疾病预防控制中心公开了本机构服务时间、服务流程、服务预约方式等；93.75%的疾病预防控制中心详细公开了接种单位的地点、服务时间、疫苗种类及生产企业等；87.50%的疾病预防控制中心全面公开了传染病疫情预防、处置相关信息内容等。但同时，31.25%的疾病预防控制中心未系统整理并公开国家对特殊公共卫生疾病免费治疗的相关规定等；25.00%的疾病预防控制中心未详细公开健康危害因素的监测与防控，环境危害因素监测资质、内容与办法，营养监测与营养改善、学生常见病和相关危害因素控制等的相关信息。

行风与投诉方面，"行风建设""投诉途径""纠纷处理"的平均得分指数均超过了总体平均得分指数，仅"招标采购"的平均得分指数低于总体平均得分指数，如图 7-48 所示。这说明，各疾病预防控制中心能够及时公开行风建设及廉洁自律相关规定，全面公开接待投诉部门的电话、信箱等，以及纠纷处理的程序和相关职能部门电话、地点等。但 18.75% 的疾病预防控制中心仅是公开了政府采购的相关文件要求，未能够集中公开执行政府采购依法应当公开的相关信息。

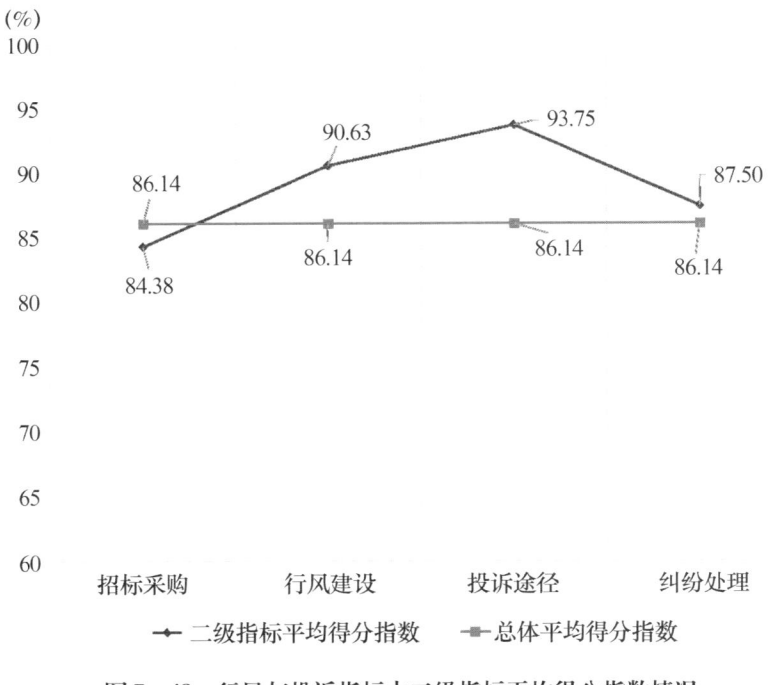

图 7-48 行风与投诉指标中二级指标平均得分指数情况

科普健教和便民服务方面,"健康教育""咨询服务"的平均得分指数均超过了总体平均得分指数,而"健康科普"的平均得分指数低于总体平均得分指数,如图7-49所示。这说明,各疾病预防控制中心能够及时公开开展相关健康讲座等健康教育活动的时间、内容、地点,并通过网站、电话、微信小程序等方式提供在线咨询服务。但12.50%的疾病预防控制中心在相关科普知识、专项传染病防控知识、预防免疫相关政策知识等方面的信息公开不及时、不全面,或不方便公众查看和获取。

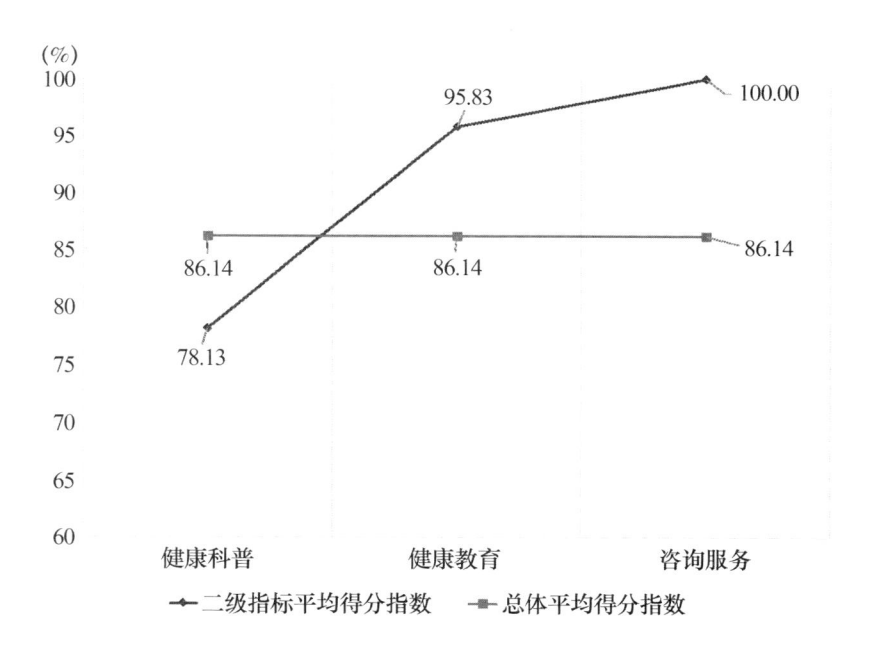

图7-49 科普健教和便民服务指标中二级指标平均得分指数情况

（四）基层医疗卫生机构

1. 总体情况

本次评估，所抽取的 139 家县属基层医疗卫生机构覆盖了社区卫生服务中心、中心卫生院、乡（镇）卫生院、街道卫生院等，平均得分为 87.8052 分。其中，58.27% 的基层医疗卫生机构信息公开评估平均得分超过了 90 分，整体上处于良好的等次。

从机构类型来看，街道卫生院信息公开平均得分超过了 90 分，乡（镇）卫生院的平均得分仅次于街道卫生院，中心卫生院和社区卫生服务中心信息公开平均得分均低于所有基层医疗卫生机构的平均得分，如图 7-50 所示。这说明，街道卫生院较为重视信息公开工

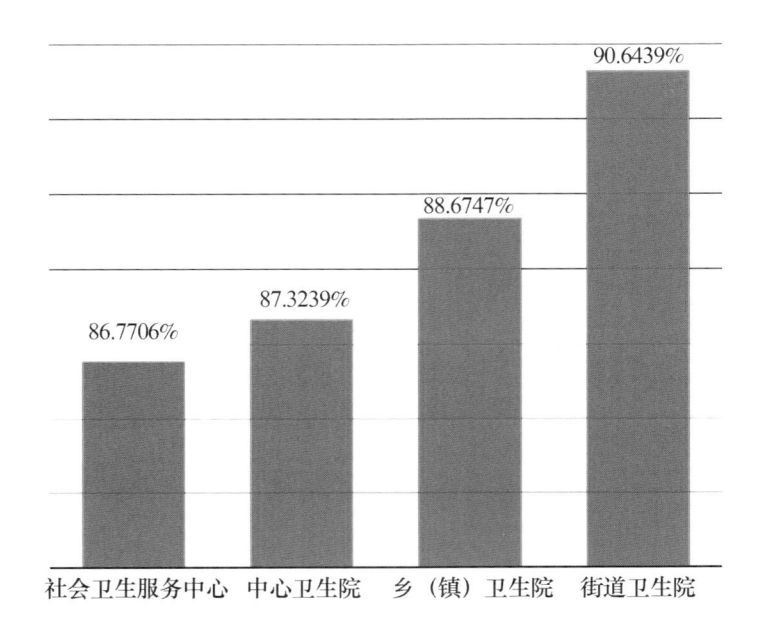

图 7-50　各类型基层医疗卫生机构信息公开评估平均得分情况

作，且工作成效明显。社区卫生服务中心和中心卫生院仍然是下一步推进信息公开工作的重点。

从一级指标来看，"资质标识""环境导引""诊疗服务""便民服务"的平均得分指数均超过了90%，而"基础信息""行风与投诉""科普健教"的平均得分指数均低于85%，如图7-51所示。这说明，各基层医疗卫生机构在资质标识、环境导引、诊疗服务、便民服务等实质性服务信息公开方面取得了良好成效。

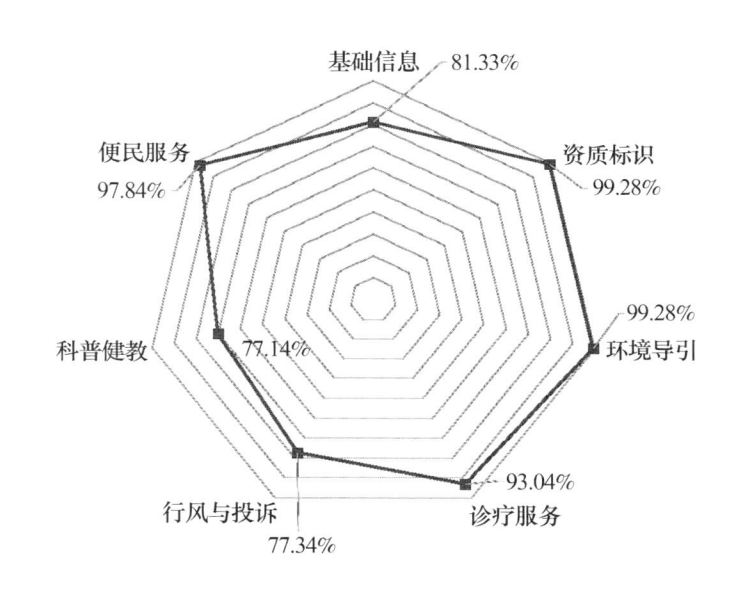

图7-51 基层医疗卫生机构信息公开评估一级指标得分指数情况

2. 各指标结果分析

基础信息方面，"工作机构""机构概况"的平均得分指数均超过了90%，而"制度体系"的平均得分指数低于总体平均得分指数，如图 7-52 所示。这说明，各基层医疗卫生机构均能够公开名称、等级、公共服务职能、历史沿革、诊疗项目、科室（部门）概况、设备人员概况等简介信息，以及本机构领导姓名、职务等信息，并在部门职能概况、领导小组成立文件或是信息公开制度中进一步明确了信息公开工作的管理部门或专门人员。但评估结果也显示，68.35% 的基层医疗卫生机构能够制定本机构信息公开制度，但主要侧重于公开内容的规定，对于审核发布、管理维护、咨询回应等工作的规定不够细化；部分基层医疗卫生机构信息公开制度未根据《医疗卫生机构信息公开管理办法》（国卫办发〔2021〕43 号）进行修订。

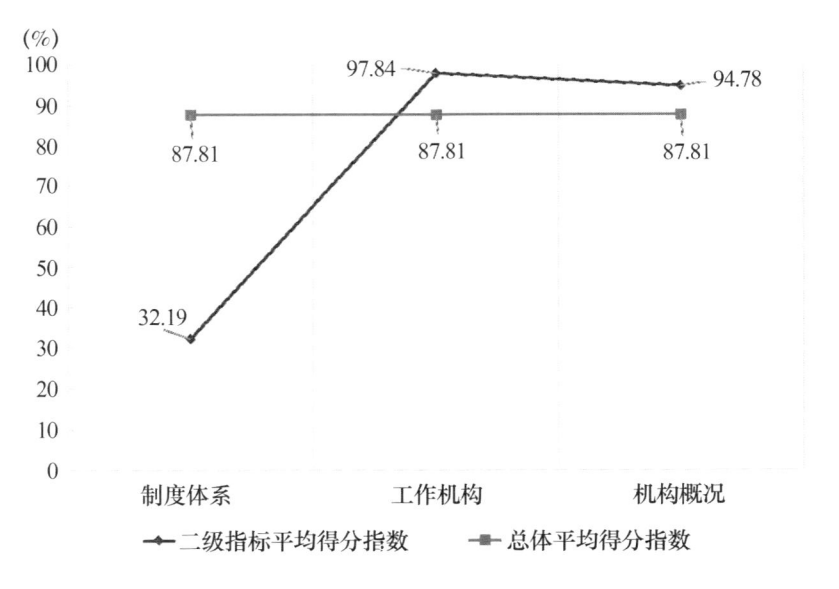

图 7-52 基础信息指标中二级指标平均得分指数情况

资质标识和环境导引方面,"设备及技术许可""价格""公卫措施"的平均得分指数均超过了总体平均得分指数,如图7-53所示。这说明,各基层医疗卫生机构均能够定期公开本医疗机构床位、大型设备等资源配置情况,明确公示医疗服务项目、药品、医用耗材的价格和收费标准,以及及时公开公共卫生预防控制相关信息,落实政府应急处置措施的相关信息等。

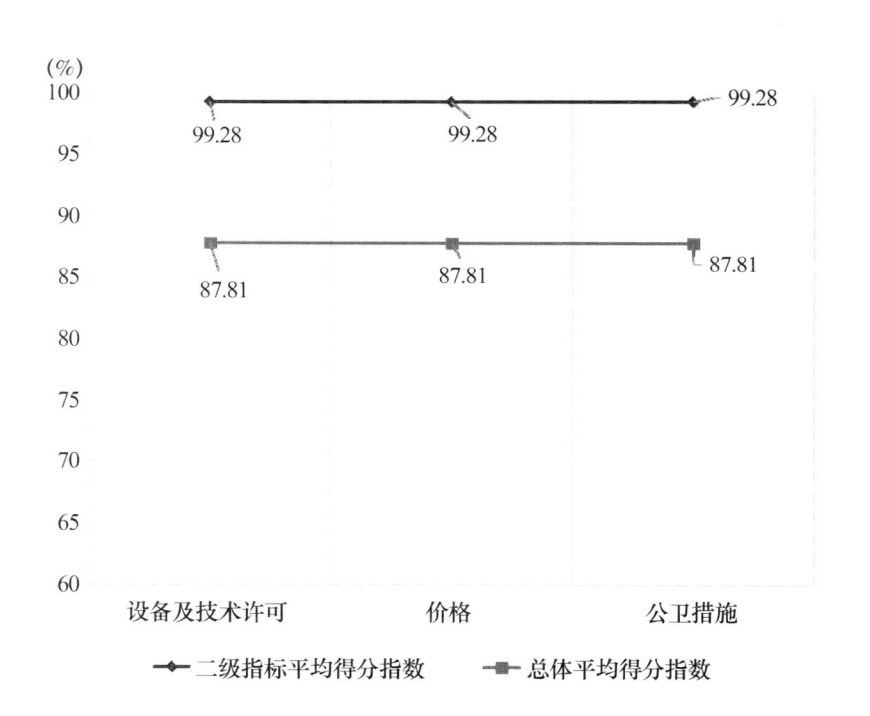

图7-53 资质标识和环境导引指标中二级指标平均得分指数情况

诊疗服务方面,"服务时间""专业介绍""就诊须知""住院须知""预约诊疗""远程医疗""服务流程"的平均得分指数均超过了总体平均得分指数,"分级诊疗""服务内容"的平均得分指数接近总体平均得分指数,"检查检验""服务范围"的平均得分指数均低于总体平均得分指数,如图7-54所示。这说明,各基层医疗卫生机构普遍能够公开本机构门诊、急诊服务时间、病房探视时间及各项服务的办理时间等,并详细公示就诊、住院等流程、应知晓的事务等,并详细说明本机构专业方向,临床、检验、检查等专业服务项目名称及特色服务的相关内容等,及时公示就诊、住院等双向转诊服务流程、应知晓的相关事务、注意事项及应遵守的规章制度等。但评估结果也显示,20.86%的基层医疗卫生机构未全面公开医联体及县域医共体业务合作

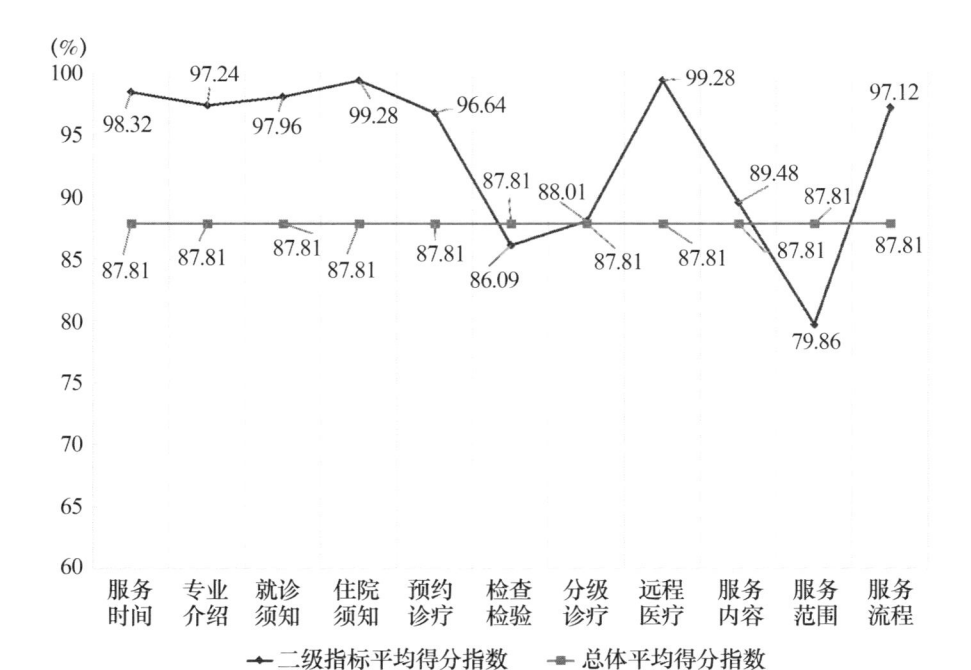

图7-54 诊疗服务指标中二级指标平均得分指数情况

的医疗卫生服务机构、专家介绍、服务内容、流程、联系方式等；22.30%的基层医疗卫生机构未公开临床检验、超声、影像学等辅助检查报告获取时间及方式；30.94%的基层医疗卫生机构未全面公开本机构服务区域范围，服务区域内人群的基本情况、重点人群的基本情况。

行风与投诉方面，"行风建设""依法执业自查""投诉途径""纠纷处理"的平均得分指数均高于90%，而"招标采购""医疗秩序"的平均得分指数均低于总体平均得分指数，如图7-55所示。这说明，各基层医疗卫生机构能够及时公开行风建设及廉洁从业九项准则相关规定和《医疗机构依法执业承诺书》等，全面公开

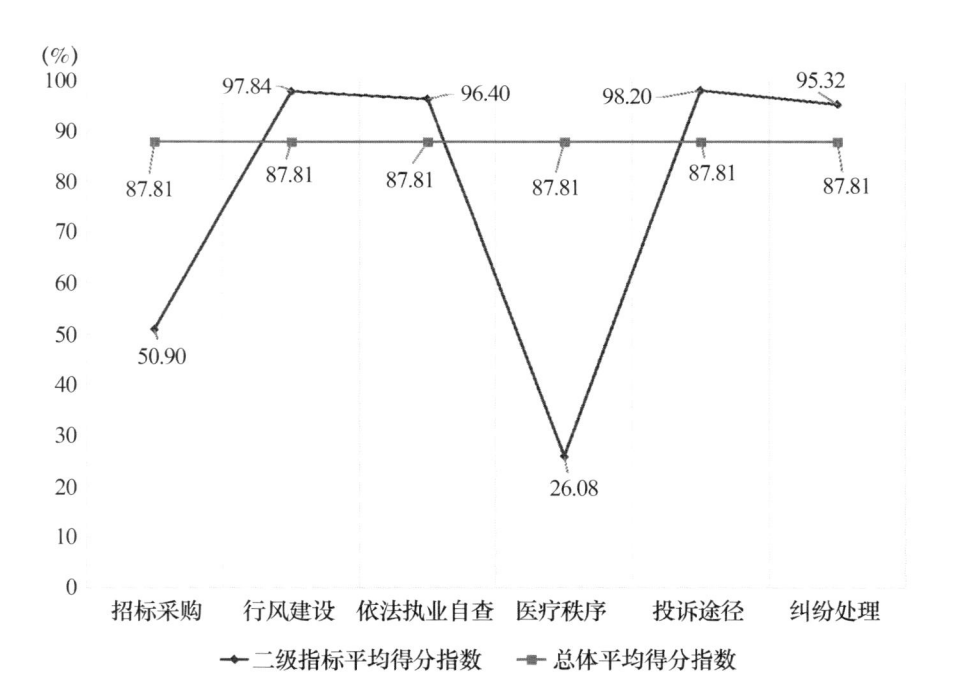

图7-55 行风与投诉指标中二级指标平均得分指数情况

投诉处理程序、地点、接待时间和联系方式等，以及解决医疗纠纷的合法途径以及相关部门地点、联系方式等。但52.52%的基层医疗卫生机构仅是公开了政府采购的相关文件要求，未能够集中公开执行政府采购依法应当公开的相关信息；93.53%的基层医疗卫生机构未集中整理和分类公开为维护正常医疗秩序患者应当遵守的相关法律、法规、规定及注意事项等。

科普健教和便民服务方面，"健康教育""咨询服务"的平均得分指数均超过了90%，而"健康科普"的平均得分指数较低，如图7-56所示。这说明，各基层医疗卫生机构普遍较为重视患者健康教育，并通过咨询电话的方

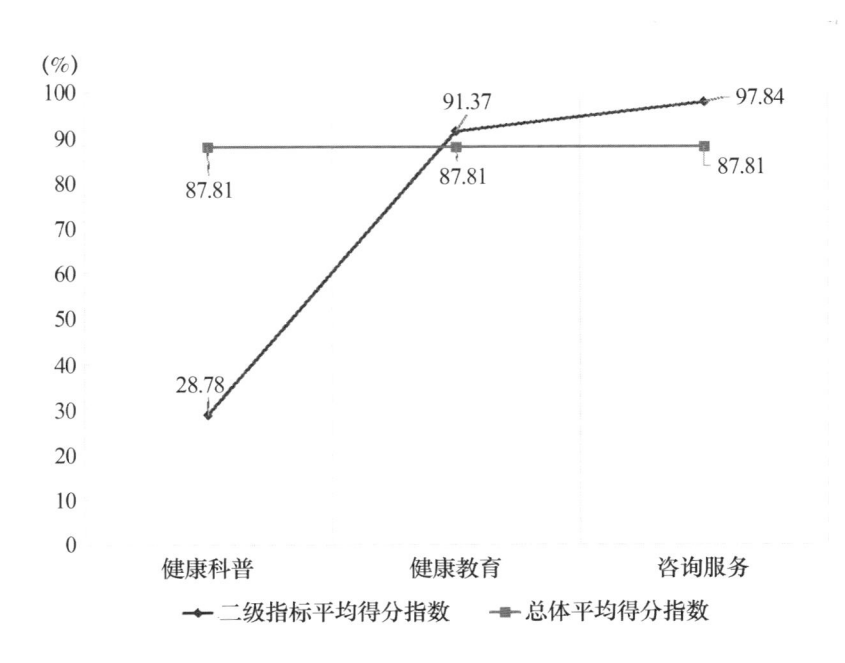

图7-56 科普健教和便民服务指标中二级指标平均得分指数情况

式提供在线咨询服务。但评估结果也显示，43.75%的基层医疗卫生机构在健康保健及疾病防治方面的科普知识公开不及时、不全面，或不方便公众查看和获取。

三 供水、供电、供气、供热领域

本次评估，每个市随机抽取本地区供电、供水、供气、供热领域公共企事业单位各1家，开展网上信息公开评估。所有供电、供水、供气、供热领域公共企事业单位信息公开平均得分为91.8953分，其中，供水企事业单位平均得分为94.0625分，供电企业平均得分为95.9563分，供气企事业单位平均得分为87.4375分，供热公共企事业单位平均得分为90.1250分，如图7-57所示。

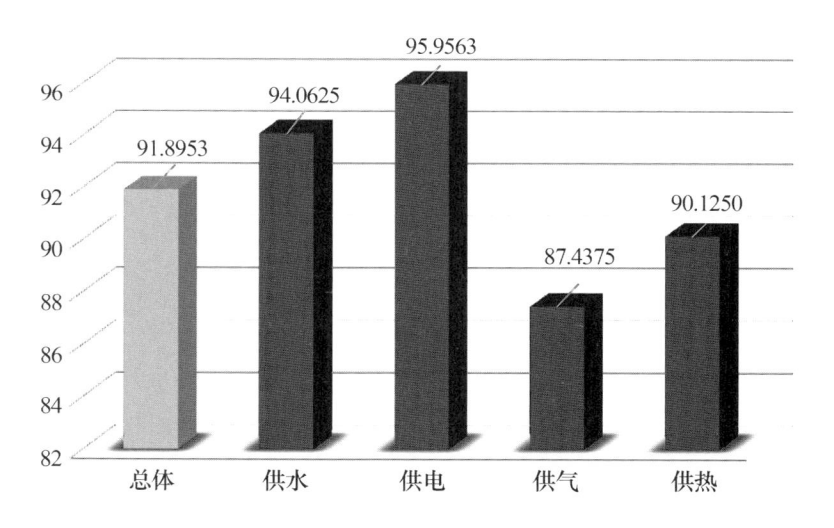

图7-57 供水、供电、供气、供热领域公共企事业单位平均得分情况

从所属领域看,供电企业信息公开评估平均得分最高,其次是供水企事业单位,再次是供热企事业单位,供气企事业单位信息公开评估平均得分最低,如图 7-57 所示。供电企业信息公开工作开展较好,主要得益于国家电网山东省电力公司在官方网站统一建设的各市分公司信息公开专栏,形成了统一的信息公开规范和标准。

(一) 供水企事业单位

本次评估共抽取了 16 家市属供水企事业单位,所有供水企事业单位信息公开评估平均得分为 94.0625 分。其中,68.75% 的供水企事业单位信息公开评估平均得分超过了 95 分,整体上信息公开工作成效较为明显。

从一级指标看,"单位概况""法规标准""公开目录及指南"的平均得分指数均超过了总体平均得分指数,仅"城市供水服务"的平均得分指数略低于总体平均得分指数,如图 7-58 所示。

单位概况方面,所有供水企事业单位均公开了本单位性质、规模、经营范围、注册资本、办公地址、营业场所、联系方式、相关服务等信息;87.50% 的供水企事业单位全面公开了本单位领导班子所有成员姓名、职务等信息;81.25% 的供水企事业单位公开了本单位组织机构设置及职能;87.50% 的供水企事业单位详细公

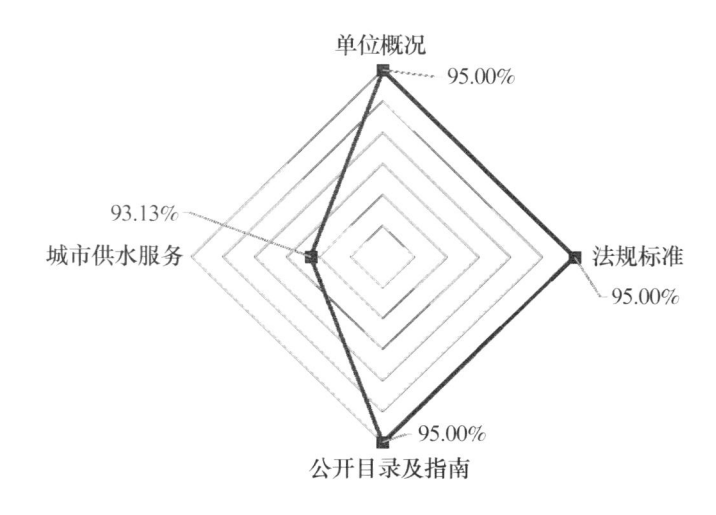

图 7-58　供水企事业单位各一级指标评估平均得分指数情况

开了本单位服务网点或营业网点名称、地址、联系方式、服务/营业时间及服务内容等信息。

法规标准方面，93.75%的供水企事业单位系统整理并集中公开本行业相关政策、法律、法规、行政规范性文件以及本单位执行的与城市供水服务有关的规定、标准，以及本单位工作规则、行为准则、岗位职责、服务标准等规章制度。

公开目录及指南方面，所有供水企事业单位均编制并发布了本单位信息主动公开基本目录，但37.50%的供水企事业单位主动公开基本目录中内容及时限要求未明确或不准确；所有供水企事业单位均编制并发布了本单位信息公开咨询指南，但31.25%的供水企事业单位信息公开咨询指南中未全面涵盖本单位接受信息公开咨询的电话号码、接受咨询的时间，以及现场咨询的地址、办事时间等信息。

城市供水服务方面，所有供水企事业单位均公开了本单位供水销售价格以及收费依据，但37.50%的供水企事业单位未全面公开本单位维修及相关服务价格标准、收费依据；所有供水企事业单位均公开了本单位供水申请报装工作程序，以及本单位供水缴费、维修及相关服务办理程序、时限、网点设置、服务标准、服务承诺和便民措施；87.50%的供水企事业单位公开了本单位供水服务范围；75%的供水企事业单位能够及时公开计划类施工停水及恢复供水信息、抄表计划信息；87.50%的供水企事业单位能够定期公开供水厂出厂水和管网水水质信息；93.75%的供水企事业单位能够及时公开供水设施安全使用常识和安全提示；所有供水企事业单位均详细公开了本单位咨询服务电话、报修和监督投诉电话。

（二）供电企业

本次评估共抽取了16家市属供电企业，所有供电企业信息公开评估平均得分为95.9563分。其中，所有供电企业信息公开评估得分超过了90分，37.50%的供电企业信息公开平均得分超过了95分，信息公开工作较为规范。评估结果显示，43.75%的供电企业同时在国网山东省电力公司官方网站和本地区政府门户网站建立了信息公开专栏，集中发布本企业基本简介、供电质量、可开放容量、指南年报等有关信息。

从一级指标来看，如图7-59所示，"基本情况""供电质量""可开放容量""信息公开目录、指南和年报"的平均得分指数均超过了95%，基本都在国网山东省电力公司官方网站信息公开专栏中集中公开；"办事服务""电价收费""停限电情况""便民服务""用户受电工程市场公平开放"的平均得分指数均超过了90%，说明各供电企业能够全面公开用电业务的工作流程、办理时限、办理环节、申请资料等信息，并明确向用户提供有偿服务时收费的项目、标准和依据等；"法规标准"的平均得分指数接近90%，说明各供电企业基本能够集

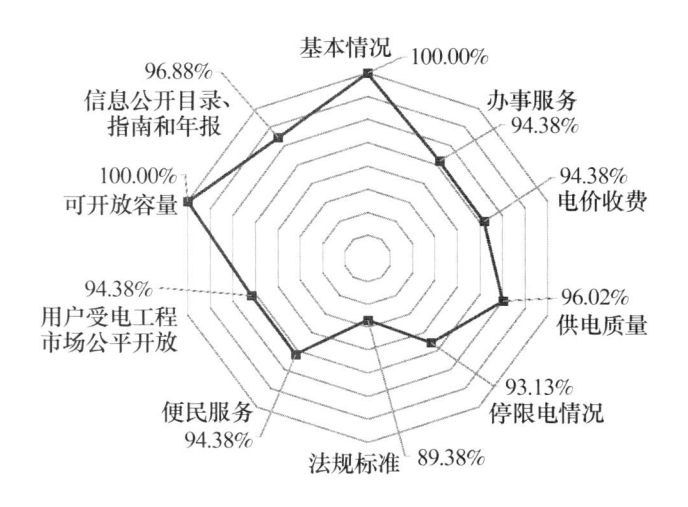

图7-59 供电企业各一级指标评估平均得分指数情况

中整理并分类发布企业供电服务所执行的法律法规以及供电企业制定的涉及用户利益的有关管理制度和技术标准。

（三）供气企事业单位

本次评估共抽取了 16 家市属供气企事业单位，所有供气企事业单位信息公开评估平均得分为 87.4375 分。其中，50% 的供气企事业单位信息公开评估平均得分超过了 95 分，基本也达到了良好的等次，但相较于供水、供电、供热领域公共企事业单位，供气企事业单位信息公开工作有待进一步提升。

从一级指标看，"单位概况""城市供气服务"的平均得分指数均超过了总体平均得分指数，而"法规标准""公开目录及指南"的平均得分指数均略低于总体平均得分指数，如图 7-60 所示。

单位概况方面，93.75% 的供气企事业单位均公开了本单位性质、规模、经营范围、注册资本、办公地址、营业场所、联系方式、相关服务等信息；87.50% 的供气企事业单位全面公开了本单位领导班子所有成员姓名、职务等信息；75% 的供气企事业单位公开了本单位组织机构设置及职能；81.25% 的供气企事业单位详细公开了本单位服务网点或营业网点名称、地址、联系方式、服务/营业时间及服务内容等信息。

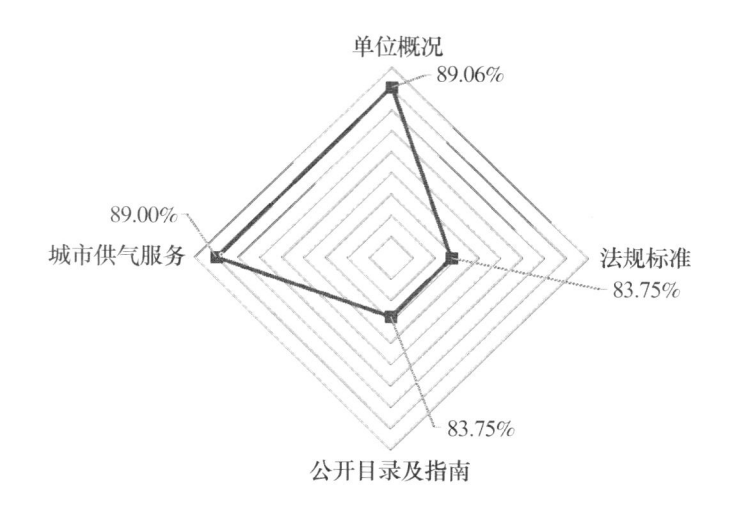

图 7-60　供气企事业单位各一级指标评估平均得分指数情况

法规标准方面，93.75%的供气企事业单位集中公开了本单位工作规则、行为准则、岗位职责、服务标准等规章制度，但62.50%的供气企事业单位未能够系统整理并集中公开本行业相关政策、法律、法规、行政规范性文件以及本单位执行的与城市供气服务有关的规定、标准。

公开目录及指南方面，87.50%的供气企事业单位编制并发布了本单位信息主动公开基本目录，但37.50%的供气企事业单位主动公开基本目录中内容及时限要求未明确或不准确；87.50%的供气企事业单位编制并发布了本单位信息公开咨询指南，但37.50%的供气企事业单位信息公开咨询指南中未全面涵盖本单位接受信息公开咨询的电话号码、接受咨询的时间，以及现场咨询的地址、办事时间等信息。

城市供气服务方面，所有供气企事业单位均公开了本单位燃气销售价格以及收费依据，81.25%的供气企事业单位全面公开了本单位维修及相关服务价格标准、收费依据；93.75%的供气企事业单位均公开了本单位用气申请、过户、销户等服务项目办事指南；所有供气企事业单位公开了本单位燃气缴费、维修及相关服务办理程序、线上线下办理渠道、时限、网点设置、服务标准、服务承诺和便民措施；75%的供气企事业单位公开了本单位供气服务范围；62.50%的供气企事业单位能够及时公开计划类施工停气及恢复供气信息、安全检查计划及抄表计划信息；81.25%的供气企事业单位能够及时公开燃气质量、燃气及燃气设施使用常识和安全风险、隐患信息；87.50%的供气企事业单位均详细公开了本单位咨询服务电话、报修和监督投诉电话。

（四）供热企事业单位

本次评估共抽取了16家市属供热企事业单位，所有供热企事业单位信息公开评估平均得分为90.1250分。其中，43.75%的供热企事业单位信息公开评估平均得分超过了95分，信息公开工作取得了一定成效。

从一级指标来看，"单位概况""城市供热服务"的平均得分指数均超过了90%，"公开目录及指南"的平均得分指数接近90%，而"法规标准"的平均得分指数低于总体平均得分指数，如图7-61所示。

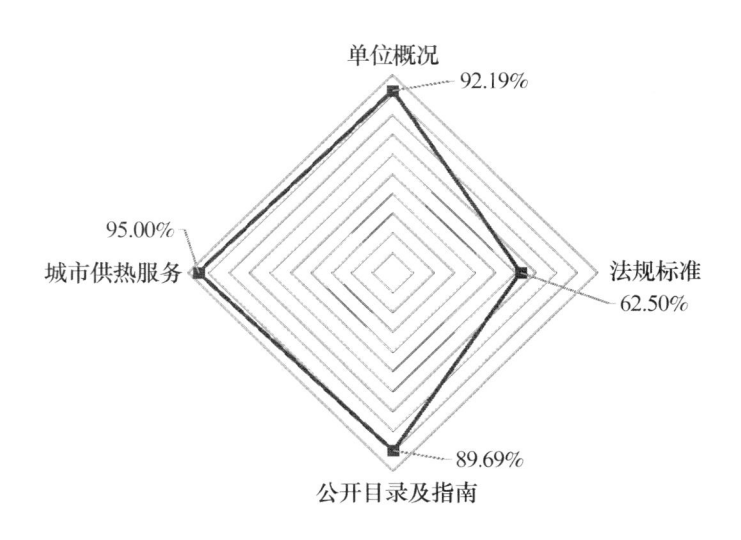

图7-61 供热企事业单位各一级指标评估平均得分指数情况

单位概况方面，所有供热企事业单位均公开了本单位性质、规模、经营范围、注册资本、办公地址、营业场所、联系方式、相关服务等信息；93.75%的供热企事业单位全面公开了本单位领导班子所有成员姓名、职务等信息；87.50%的供热企事业单位公开了本单位组织机构设置及职能；81.25%的供热企事业单位详细公开了本单位服务网点或营业网点名称、地址、联系方式、服务/营业时间及服务内容等信息。

法规标准方面，81.25%的供热企事业单位集中公开了本单位工作规则、行为准则、岗位职责、服务标准等规章制度，但68.75%的供热企事业单位未能够系统整理并集中公开本行业相关政策、法律、法规、行政规范性文件以及本单位执行的与城市供热服务有关的规定、标准。

公开目录及指南方面，93.75%的供热企事业单位编制并发布了本单位信息主动公开基本目录，但25%的供热企事业单位主动公开基本目录中内容及时限要求未明确或不准确；所有供热企事业单位编制并发布了本单位信息公开咨询指南，但43.75%的供热企事业单位信息公开咨询指南中未全面涵盖本单位接受信息公开咨询的电话号码、接受咨询的时间，以及现场咨询的地址、办事时间等信息。

城市供热服务方面，所有供热企事业单位均公开了本单位热力销售价格以及收费依据，但31.25%的供热企事业单位未全面公开本单位维修及相关服务价格标准、收费依据；所有供热企事业单位均公开了本单位用热申请及用户入网接暖流程；93.75%的供热企事业单位及时公开了法定供热时间，供热收费的起止日期；所有供热企事业单位均公开了本单位热费收缴、供热维修及相关服务办理程序、时限、网点设置、服务标准、服务承诺和便民措施；81.25%的供热企事业单位能够及时公开计划类施工停热及恢复供热信息及抄表计划信息;所有供热企事业单位均能够及时公开供热及供热设施安全使用规定、常识和安全提示;所有供热企事业单位均详细公开了本单位咨询服务电话、报修和监督投诉电话。

四 公共交通领域

本次评估,共抽取了 32 家公共交通企业,开展了线上信息公开评估。所抽取的 32 家市属公共交通企业[①]涵盖了城市公共交通运营企业、城市轨道交通运营企业、道路班车客运运营企业、道路客运站运营企业等。所有公共交通企业信息公开评估平均得分为 96.9688 分,其中,城市公共交通运营企业平均得分为 96.6667 分,城市轨道交通运营企业平均得分为 95.0000 分,道路班车客运运营企业平均得分为 97.5714 分,道路客运站运营企业平均得分为 97.2222 分,如图 7 – 62 所示。

从企业类型来看,道路班车客运营运企业信息公开评估平均得分最高,其次是道路客运站运营企业,再次是城市公共交通运营企业,城市轨道交通运营企业平均得分最低。这说明,道路班车客运、道路客运站运营企业信息公开工作开展成效较为明显,特别是在运营服

---

① 部分市政府由于无直属的公共交通企业,抽取了部分所辖县(市、区)政府所属的公共交通企业。

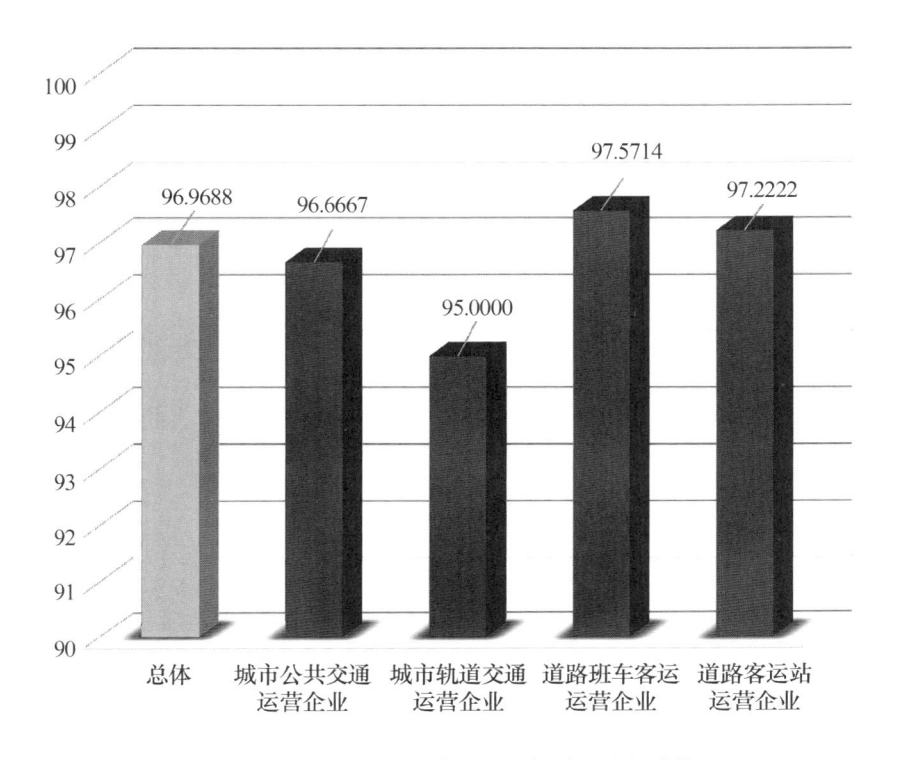

图 7-62 公共交通企业信息公开评估平均得分情况

务、权益维护等方面信息公开较为规范。

由于疫情原因，本次评估原定计划开展的线下评估未能如期开展，故只对线上评估的"企业概况"指标进行分析。

企业概况方面，"基本简介""信息咨询"的平均得分指数均达到了100%，而"领导信息""机构设置"的平均得分指数均低于总体平均得分指数，如图 7-63 所示。这说明，各公共交通企业均能够全面公开本企业性质、规模、经营范围、注册资本、办公地址、营业场所、联系方式、相关服务等信息，并及时发布电话、网站、现场咨询等信息公开咨询窗口信息。但评估结果也显示，6.25%的公共交通企业未公开本企业领导班子所有成员姓名、职务等信息；31.25%的公共交通企业未详细公开本企业组织机构设置及职能。

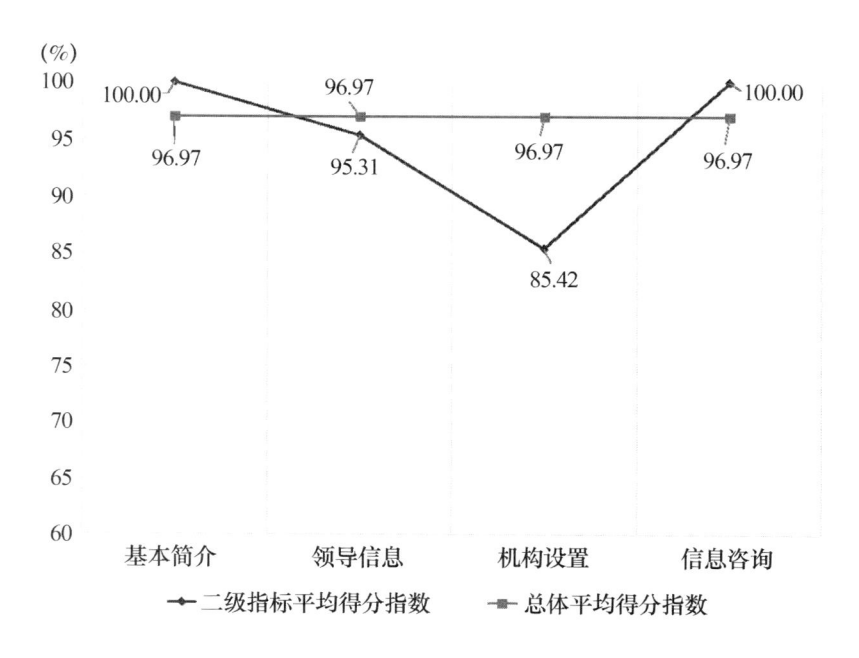

图 7-63 企业概况指标中二级指标平均得分指数情况

第八章　存在的主要问题

2022年，山东省全省各级公共企事业单位按照党中央、国务院和省委、省政府的部署安排，依据各领域出台的信息公开有关规定或办法，信息公开工作取得了明显成效，但通过本次评估也发现，公共企事业单位信息公开仍然存在一些制约工作深入开展的问题，主要体现在以下几个方面。

第一节　公开程序不够规范，主动性不强、随意性较大

建立一套完整、规范的信息公开制度体系是公共企事业单位做好信息公开工作的重要前提。评估发现，多数公共企事业单位在信息的公开范围、公开形式、审核发布、管理维护、咨询回应等方面，存在程序性规定缺失或规定内容不够细化的问题。如多数公共企

事业单位仅是简单、笼统地规定了审核发布、管理维护、咨询回应等方面的基本要求；部分医院信息公开制度的依据仍然为《医疗卫生服务单位信息公开管理办法（试行）》等已经废止的文件；部分医院的信息公开制度中仍然有依申请公开的内容；部分学校在信息公开咨询指南中将"学校信息"描述为"政务信息"或"政府信息"。

公共企事业单位信息公开应是一个动态的过程，强调信息发布的主动性和及时性。评估发现，多数公共企事业单位信息公开存在"突击式"发布信息的现象，如某区政府门户网站将所有公共企事业单位信息按照评估指标体系的一级指标，分成若干个 Word 文档进行公开，所有信息几乎都是同一时间发布的；部分公共企事业单位仅是评估指标要求什么内容，就只公开什么内容，而国家有关规定明确强调必须公开的其他内容，却未体现在有关网站或专栏中，信息公开的主动性、及时性较差。

各领域已经出台的信息公开办法或规定仅是对主动公开的范围进行了列举，但多数未对具体公开内容做出要求。在具体信息公开工作实践过程中，有些公开事项的内容不够明确，如高等学校的"促进毕业生就业的政策措施和指导服务"、普通中小学的"信息公开咨询指南"、供电企业的"信息公开年报"等，由于缺乏具体的公开内容标准，导致了各公共企事业单位信息公开内容的过度差异化和主观随意化。

第二节　公开范围不够明确，重点不突出、信息不便民

目前，国家层面的高等教育、医疗卫生、供水、供电、供气、供热、公共交通等领域均出台了信息公开管理办法或规定，但仅有高等学校和医疗卫生领域对应发布了较具可操作性的信息公开目录，省级层面也仅有省教育厅发布了《山东省普通中小学主动公开基本目录》和《山东省中等职业学校主动公开基本目录》，因而在信息公开范围和公开形式上缺乏统一的标准和要求。

各公共企事业单位普遍依照国务院部门出台的各领域信息公开规定或办法以及评估指标体系，开展信息公开工作。多数公告企事业单位对于企业和公众的实际需求，未开展细致的调查和研究，一定程度上仍采用"扁平化"的信息发布方式，未突出重点信息，也未加强对重点信息的宣传和解读。

公共企事业单位与公众生产生活息息相关，与经济社会发展紧密相连，具有很强的公共属性。"便民实用"

应是公共企事业单位信息公开的基本原则之一，但评估发现，多数公共企事业单位仅是注重了信息的"有无"，而未关注信息的便民性。如大多数的市、县政府建立的公共企事业单位信息公开专栏不具备精准、智能的信息检索功能，而仅仅依靠全网站的站内检索，一定程度上不便于公众获取公共企事业单位信息；部分医院或基层医疗卫生机构仅是通过所在地方政府信息公开专栏中发布了健康科普知识，一是相关信息在公开目录的二级目录或三级目录中，不易被查询或找到，二是未考虑不同人群的信息获取习惯，不能够通过微博、微信等新媒体渠道随时发布健康科普信息；部分公共企事业单位在整理本领域或本单位涉及的法规标准、规章制度时，仅是直接罗列信息，或是上传 Word 或 PDF 文件，未能够分级分类进行集中公开，一定程度上不方便公众的查看。

第三节　平台建设不够统一，重复建设、信息分散

评估结果显示，各领域公共企事业单位信息公开平台类型和建设水平都不尽相同且差异较大，如高等学校、医院、妇幼保健机构、水电气热单位、公共交通企业多是有独立的官方网站、微信公众号或小程序等，而

基层医疗卫生机构、普通中小学等大多数未开设独立的官方网站、微信公众号或小程序。

在政府门户网站信息公开专栏建设方面，有的地方政府仅是将各公共企事业单位的官方网站、微信公众号或订阅号等做了一个链接汇总，并未实际公开有关信息，也未做好对公开平台和内容的监督检查，致使部分未开设官方网站或微信公众号的企事业单位信息公开的数量极少；有的地方政府给各公共企事业单位都建立了信息公开专栏，所有公共企事业单位均要在专栏中发布有关信息，但这也在一定程度上也造成了部分企事业单位信息公开平台渠道的重复建设，且出现同一条信息在官方网站和信息公开专栏的信息重复发布问题。

在公共企事业单位官方网站建设方面，各领域目前尚未形成统一的网站建设指南等规范，除高等学校普遍在官方网站建立了信息公开专栏，按照教育部在 2014 年发布的信息公开清单、规范发布信息外，其他领域公共企事业单位的官方网站建设和信息发布标准极为不统一，一定程度上也造成了信息查找的困难。

在各渠道信息一致性方面，各渠道存在信息发布分散且不一致的现象。部分公共企事业在官方网站和微信公众号或小程序内提供了公共服务的获取方式和服务链接，但在地方政府门户网站的信息公开专栏中却仅说明了获取方式而未提供服务链接，如医院的预约挂号、水电气热单位的在线缴费、公共交通企业的预约订票等，一定程度上影响了公众获取信息和享受服务的便利度。

第四节　统筹协调力度不足，监督缺乏、指导较少

总体评估结果显示，一方面，各级政务公开工作主管部门对于公共企事业单位信息公开的关注和重视度严重不足，平时工作调度检查较少，没有引起一定的重视；另一方面，各级行业主管部门与公共企事业单位之间的沟通协调机制不畅通。造成上述问题的原因在于，各级政府和行业主管部门认为信息公开是公共企事业单位的社会责任，干涉过多可能会影响对企事业单位商业秘密的法律保护；公共企事业单位则认为各级政府和行业主管部门应当为公共企事业单位创造良好的环境，在推动信息公开工作中有更多的措施和作为，希望得到更多的业务指导和统筹推进。同时，各级政府和行业主管部门对于本地区、本领域的公共企事业单位信息公开工作也缺乏日常监督与评估考核，未形成有效的推进合力和长效机制。

第九章　下一步改进建议

《公共企事业单位信息公开规定制定办法》的发布，让公共企事业单位信息公开迎来了制度性的变革，所确立的"1+N"的制度体系框架是具有中国特色的公共企事业单位信息公开创新性制度安排。推进公共企事业单位信息公开制度化、规范化、常态化，还有很长的路要走，建议从以下几个方面进一步高质高效推进全省公共企事业单位信息公开工作，全力打造具有山东特色的公共企事业单位信息公开的"山东样板"和"公开品牌"。

第一节　进一步健全制度体系

目前各级公共企事业单位信息公开工作多是依据国务院部门发布的信息公开有关规定或办法，以原则性的要求居多，具有可操作性的细化要求较少。各级行业主管部门要深入开展调查研究，全面理解把握政府信息公开与公共企事业单位信息公开的一致性和差异性，科学指导本领域公共企事业单位进一步完善信息公开的审核发布、保密审查、管理维护、咨询回应等制度体系建设，明确信息公开的组织领导和工作体制。探索建立和实行各领域公共企事业单位信息公开负面清单制度，妥善处理公开和保密的关系，并注意区分信息公开与业务查询服务事项。建立健全公共企事业单位信息公开保密审查制度，凡涉及国家秘密、公共安全、产业安全、商业秘密、个人信息保护等的信息公开前，要严格进行保密审查。

第二节　进一步完善标准规范

省级行业主管部门制定本领域公共企事业单位信息公开指引，坚持问题导向和需求导向，指导各单位建立本单位的主动公开基本目录，进一步明确公开内容、时限、渠道、主体和范围等。分领域研究制定公共企事业单位信息公开地方标准，进一步提升公共企事业单位信息公开标准化规范化水平。加强规范各领域信息公开咨询或依申请公开有关制度和流程，探索制定信息公开咨询指南模板，合理满足服务对象以及社会公众的个性化信息需求，切实保障社会公众的知情权、参与权、表达权和监督权。

第三节　进一步优化平台渠道

针对各领域线上主动公开平台渠道的不同特点，分别制定信息公开平台建设指南，规范平台渠道建设，如研究制定高等学校网站建设指南、政府网站信息公开专栏建设规范、医疗卫生机构和中小学微信公众号建设指南等。进一步规范医疗卫生机构、公共交通企业等现场公示内容，探索制定标准模板，统一公开形式，并对通用内容进行固化，确保公示内容的统一规范。充分利用新闻媒体、小区公示栏、手机短信、微信小程序、微信公众号等，综合考虑不同人群信息获取的习惯，及时、精准、高效公开涉及企业和群众切身利益的供水、供电、供气、供热等信息。持续加强各领域公共企事业单位信息公开咨询窗口建设，注意与行业服务热线电话、政府网站互动交流平台、政务公开专区等现有平台渠道的融合。进一步加强不同平台渠道信息发布的衔接，促进各平台渠道的融合发展，确保公开内容的准确性和一致性。

第四节　进一步加强培训监督

持续开展常态化的公共企事业单位信息公开培训，重点加强对基层工作人员的业务专项培训，理论联系实践，提高工作人员的专业水平。各级政府和行业主管部门要加强对公共企事业单位信息公开的管理监督，建立健全考核评估机制，持续开展公共企事业单位信息公开第三方评估工作，适时组织现场督导和随机抽查，全程跟踪督办，及时发现和解决问题。建立激励约束机制，对工作开展较好的公共企事业单位要通报表扬并予以总结推广，对推进工作不力、工作开展较差的公共企事业单位，要严肃批评、公开通报、限期整改。

附录一 2022 年山东省政务公开第三方评估对象

一 省直部门、单位（43 家）

序号	名称	序号	名称	序号	名称
1	山东省发展和改革委员会	16	山东省农业农村厅	31	山东省人民政府研究室
2	山东省教育厅	17	山东省商务厅	32	山东省地方金融监管局
3	山东省科学技术厅	18	山东省文化和旅游厅	33	山东省大数据局
4	山东省工业和信息化厅	19	山东省卫生健康委员会	34	山东省信访局
5	山东省民族宗教委员会	20	山东省退役军人事务厅	35	山东省能源局
6	山东省公安厅	21	山东省应急管理厅	36	山东省粮食和物资储备局
7	山东省民政厅	22	山东省审计厅	37	山东省监狱管理局
8	山东省司法厅	23	山东省人民政府国有资产监督管理委员会	38	山东省海洋局
9	山东省财政厅	24	山东省市场监督管理局	39	山东省畜牧兽医局
10	山东省人力资源和社会保障厅	25	山东省广播电视局	40	山东省药品监督管理局
11	山东省自然资源厅	26	山东省体育局	41	山东省供销合作社联合社
12	山东省生态环境厅	27	山东省统计局	42	山东省煤田地质局
13	山东省住房和城乡建设厅	28	山东省医疗保障局	43	山东省地质矿产勘查开发局
14	山东省交通运输厅	29	山东省机关事务管理局		
15	山东省水利厅	30	山东省人民防空办公室		

二　市政府（16 家）

序号	名称	序号	名称	序号	名称
1	济南市	7	潍坊市	13	德州市
2	青岛市	8	济宁市	14	聊城市
3	淄博市	9	泰安市	15	滨州市
4	枣庄市	10	威海市	16	菏泽市
5	东营市	11	日照市		
6	烟台市	12	临沂市		

三　县（市、区）政府（136 家）

序号	名称	序号	名称	序号	名称
1	济南市历下区	20	青岛市胶州市	39	东营市垦利区
2	济南市市中区	21	青岛市平度市	40	东营市利津县
3	济南市槐荫区	22	青岛市莱西市	41	东营市广饶县
4	济南市天桥区	23	淄博市淄川区	42	烟台市芝罘区
5	济南市历城区	24	淄博市张店区	43	烟台市福山区
6	济南市长清区	25	淄博市博山区	44	烟台市牟平区
7	济南市章丘区	26	淄博市临淄区	45	烟台市莱山区
8	济南市济阳区	27	淄博市周村区	46	烟台市蓬莱区
9	济南市莱芜区	28	淄博市桓台县	47	烟台市龙口市
10	济南市钢城区	29	淄博市高青县	48	烟台市莱阳市
11	济南市平阴县	30	淄博市沂源县	49	烟台市莱州市
12	济南市商河县	31	枣庄市市中区	50	烟台市招远市
13	青岛市市南区	32	枣庄市薛城区	51	烟台市栖霞市
14	青岛市市北区	33	枣庄市峄城区	52	烟台市海阳市
15	青岛市李沧区	34	枣庄市台儿庄区	53	潍坊市潍城区
16	青岛市崂山区	35	枣庄市山亭区	54	潍坊市寒亭区
17	青岛市西海岸新区	36	枣庄市滕州市	55	潍坊市坊子区
18	青岛市城阳区	37	东营市东营区	56	潍坊市奎文区
19	青岛市即墨区	38	东营市河口区	57	潍坊市青州市

续表

序号	名称	序号	名称	序号	名称
58	潍坊市诸城市	85	威海市乳山市	112	德州市武城县
59	潍坊市寿光市	86	日照市东港区	113	聊城市东昌府区
60	潍坊市安丘市	87	日照市岚山区	114	聊城市茌平区
61	潍坊市高密市	88	日照市五莲县	115	聊城市临清市
62	潍坊市昌邑市	89	日照市莒县	116	聊城市阳谷县
63	潍坊市临朐县	90	临沂市兰山区	117	聊城市莘县
64	潍坊市昌乐县	91	临沂市罗庄区	118	聊城市东阿县
65	济宁市任城区	92	临沂市河东区	119	聊城市冠县
66	济宁市兖州区	93	临沂市沂南县	120	聊城市高唐县
67	济宁市曲阜市	94	临沂市郯城县	121	滨州市滨城区
68	济宁市邹城市	95	临沂市沂水县	122	滨州市沾化区
69	济宁市微山县	96	临沂市兰陵县	123	滨州市邹平市
70	济宁市鱼台县	97	临沂市费县	124	滨州市惠民县
71	济宁市金乡县	98	临沂市平邑县	125	滨州市阳信县
72	济宁市嘉祥县	99	临沂市莒南县	126	滨州市无棣县
73	济宁市汶上县	100	临沂市蒙阴县	127	滨州市博兴县
74	济宁市泗水县	101	临沂市临沭县	128	菏泽市牡丹区
75	济宁市梁山县	102	德州市德城区	129	菏泽市定陶区
76	泰安市泰山区	103	德州市陵城区	130	菏泽市曹县
77	泰安市岱岳区	104	德州市乐陵市	131	菏泽市单县
78	泰安市新泰市	105	德州市禹城市	132	菏泽市成武县
79	泰安市肥城市	106	德州市宁津县	133	菏泽市巨野县
80	泰安市宁阳县	107	德州市庆云县	134	菏泽市郓城县
81	泰安市东平县	108	德州市临邑县	135	菏泽市鄄城县
82	威海市环翠区	109	德州市齐河县	136	菏泽市东明县
83	威海市文登区	110	德州市平原县		
84	威海市荣成市	111	德州市夏津县		

附录二 2022年山东省政务公开第三方评估指标体系

一 省直部门、单位评估指标

（一）主动公开

二级指标	三级指标	四级指标	评估对象
法定基础信息	政府规章	集中公开情况	省司法厅
		规章下载可用性	
	行政规范性文件	规范发布情况	除省政府研究室、省供销社、省煤田地质局、省地质矿产勘查开发局外
		清理与标注	
	其他文件	集中公开情况	所有部门、单位
		规范发布情况	
	机构职能	机构设置信息	所有部门、单位
		领导信息	
	规划计划	"十四五"规划	除省人防办、省政府研究室、省监狱局外
		历史规划（计划）	
	统计信息	统计公报	省统计局
		统计数据	

续表

二级指标	三级指标	四级指标	评估对象
法定基础信息	行政许可和其他对外管理服务信息	行政许可的依据、条件、程序和办理结果	除省退役军人厅、省审计厅、省国资委、省医保局、省机关事务局、省人防办、省政府研究室、省大数据局、省信访局、省监狱局、省供销社、省煤田地质局、省地质矿产勘查开发局外
		其他对外管理服务的依据、条件、程序和办理结果	除省审计厅、省国资委、省政府研究室、省大数据局、省信访局、省监狱局、省供销社、省煤田地质局、省地质矿产勘查开发局外
	处罚强制信息	行政强制的依据、条件和程序	省发展改革委、省教育厅、省工业和信息化厅、省公安厅、省民政厅、省人力资源社会保障厅、省自然资源厅、省生态环境厅、省住房和城乡建设厅、省交通运输厅、省水利厅、省农业农村厅、省文化和旅游厅、省卫生健康委、省应急厅、省市场监管局、省人防办、省地方金融监管局、省能源局、省粮食和储备局、省海洋局、省药监局
		行政处罚的依据、条件、程序以及本机关认为具有一定社会影响的行政处罚决定	除省退役军人厅、省审计厅、省国资委、省机关事务局、省政府研究室、省大数据局、省信访局、省监狱局、省供销社、省煤田地质局、省地质矿产勘查开发局外

续表

二级指标	三级指标	四级指标	评估对象
法定基础信息	行政事业性收费	目录发布	省财政厅
		依据和标准	
	政府集中采购	目录标准	省财政厅
		实施情况	除省人防办、省政府研究室外
重点领域信息	财政信息	专栏设置	除省人防办、省政府研究室外
		财政预决算	
		财政收支	省财政厅
		政府债务	
	行政执法公示	平台建设	除省国资委、省政府研究室、省信访局、省大数据局、省监狱局、省供销社、省煤田地质局、省地质矿产勘查开发局外
		事前公开	
		事后公开	
		反垄断和反不正当竞争执法信息	省市场监管局
	"双随机、一公开"监管	平台建设	除省民族宗教委、省退役军人厅、省审计厅、省国资委、省政府研究室、省大数据局、省信访局、省监狱局、省海洋局、省药监局、省供销社、省煤田地质局、省地质矿产勘查开发局外
		随机抽查事项清单	
		抽查计划	
		抽查结果	
	扩大有效投资	政策规划	省发展改革委、省工业和信息化厅、省自然资源厅、省住房和城乡建设厅、省交通运输厅、省水利厅
		重大建设项目	
	疫情防控	专栏设置	省卫生健康委
		信息发布	
		帮扶政策	省商务厅、省文化和旅游厅、省交通运输厅

续表

二级指标	三级指标	四级指标	评估对象
重点领域信息	社会保险	政策文件	省人力资源和社会保障厅
		信息披露	
	审计信息	审计报告	省审计厅
		问题整改情况	
	教育	政策文件	省教育厅
		教育经费	
	医疗卫生	法定传染病疫情	省卫生健康委
		突发公共卫生事件	
	生态环境	空气质量状况	省生态环境厅
		水环境质量	
		生态环境状况公报	
	国资国企	信息披露	省国资委
		社会责任	
	应急管理	安全生产	省应急厅
		应急救援	
		防灾减灾救灾	省市场监管局
	市场监管	产品质量	
		食品安全	省药监局
		药品安全	

（二）依申请公开

二级指标	三级指标	四级指标	评估对象
渠道畅通性	提交申请	互联网渠道	所有部门、单位
		信函渠道	
答复规范性	互联网/信函渠道	答复时限	
		形式规范性	
		内容规范性	

（三）政策解读

二级指标	三级指标	四级指标	评估对象
解读发布平台		栏目建设	所有部门、单位
		解读关联	
解读质量		重要政策解读情况	
		解读时效	
		实质性解读	
解读形式		多样化解读	
		多角度解读	
		政策咨询问答	

（四）公众参与

二级指标	三级指标	四级指标	评估对象
重大决策	重大行政决策	目录编制发布	省司法厅
		归集展示	省发展改革委、省教育厅、省科技厅、省人力资源和社会保障厅、省生态环境厅、省住房和城乡建设厅、省交通运输厅、省水利厅、省市场监管局
	重大决策预公开	草案发布	省发展改革委、省教育厅、省科技厅、省工业和信息化厅、省公安厅、省民政厅、省人力资源和社会保障厅、省自然资源厅、省生态环境厅、省住房和城乡建设厅、省交通运输厅、省水利厅、省农业农村厅、省商务厅、省文化和旅游厅、省卫生健康委、省应急厅、省市场监管局、省广电局、省体育局、省医保局、省粮食和储备局
		征集时限	
		征集渠道	
		结果反馈	

续表

二级指标	三级指标	四级指标	评估对象
重大会议	部门办公会	会议内容	所有部门、单位
		会议解读	
建议提案办理	办理结果	栏目建设	所有部门、单位
		结果公开	
	总体情况	发布情况	
		内容覆盖	
互动交流	平台功能	功能设置	所有部门、单位
		功能可用性	
	咨询建言	公开内容	
		统计数据	

（五）监督保障

二级指标	三级指标	四级指标	评估对象
平台建设	渠道覆盖	渠道说明	所有部门、单位
		详细信息	
	政府网站	站内检索	所有部门、单位
		"中国·山东"门户网站政策解读内容保障情况	
		"中国·山东"门户网站政府信息公开专栏运维情况	
		适老化和无障碍改造	
	政务新媒体	建设管理	所有部门、单位
		功能应用	

续表

二级指标	三级指标	四级指标	评估对象
机制建设	主动公开基本目录	发布更新	所有部门、单位
		内容规范性	
	业务培训	培训计划	所有部门、单位
		开展情况	
	政府信息公开工作年度报告	年报格式	所有部门、单位
		报告内容	

二 市政府评估指标

（一）主动公开

二级指标	三级指标	四级指标
法定基础信息	政府规章	集中公开情况
		规章下载可用性
	行政规范性文件	规范发布情况
		清理与标注
	其他文件	集中公开情况
		规范发布情况
	机构职能	机构设置信息
		领导信息
	规划计划	"十四五"规划
		历史规划（计划）
	统计信息	统计公报
		统计数据
	行政许可和其他对外管理服务信息	行政许可的依据、条件、程序和办理结果
		的依据、条件、程序和办理结果

附录二　2022年山东省政务公开第三方评估指标体系

续表

二级指标	三级指标	四级指标
法定基础信息	处罚强制信息	行政强制的依据、条件和程序
		行政处罚的依据、条件、程序以及本机关认为具有一定社会影响的行政处罚决定
	行政事业性收费	目录发布
		依据和标准
	政府集中采购	目录标准
		实施情况
重点领域信息	财政信息	专栏设置
		财政预决算
		财政收支
		政府债务
	"双随机、一公开"监管	平台建设
		随机抽查事项清单
		抽查计划
		抽查结果
	行政执法公示	平台建设
		事前公开
		事后公开
		反不正当竞争执法信息
	优化营商环境	减税降费
		收费目录清单
		惠企政策专区
	生态环境	企业环境信息披露
		空气质量状况
		饮水安全状况
	扩大有效投资	政策规划
		重大建设项目

续表

二级指标	三级指标	四级指标
重点领域信息	疫情防控	专栏设置
		信息发布
		帮扶政策
	社会保险	政策文件
		信息披露
	国资国企	信息披露
		社会责任
	市场监管	产品质量
		食品安全
	住房与城乡建设	住房保障
		城市更新
		住房公积金

（二）依申请公开

二级指标	三级指标	四级指标
渠道畅通性	提交申请	互联网渠道
		信函渠道
答复规范性	互联网/信函渠道	答复时限
		形式规范性
		内容规范性

（三）政策解读

二级指标	三级指标	四级指标
	解读发布平台	栏目建设
		解读关联

续表

二级指标	三级指标	四级指标
解读质量		重要政策解读
		解读时效
		实质性解读
解读形式		多样化解读
		多角度解读
		政策咨询问答

（四）公众参与

二级指标	三级指标	四级指标
重大决策	重大行政决策	目录编制发布
		归集展示
	重大决策预公开	草案发布
		征集时限
		征集渠道
		结果反馈
重大会议	政府全体会议、常务会会议	会议内容
		会议解读
建议提案办理	办理结果	栏目建设
		结果公开
	总体情况	发布情况
		内容覆盖
互动交流	平台功能	功能设置
		功能可用性
	咨询建言	公开内容
		统计数据

（五）监督保障

二级指标	三级指标	四级指标
平台建设	渠道覆盖	渠道说明
		详细信息
	政府网站	建设管理
		站内检索
		适老化和无障碍改造
	政务新媒体	建设管理
		功能应用
	政府公报	可获取性
		数字化情况
机制建设	主动公开基本目录	发布更新
		内容规范性
	业务培训	培训计划
		开展情况
	政府信息公开工作年度报告	年报格式
		报告内容

三 县（市、区）政府评估指标

（一）主动公开

二级指标	三级指标	四级指标
法定基础信息	行政规范性文件	规范发布情况
		清理与标注
	其他文件	集中公开情况
		规范发布情况
	机构职能	机构设置信息
		领导信息

续表

二级指标	三级指标	四级指标
法定基础信息	规划计划	"十四五"规划
		历史规划（计划）
	统计信息	统计公报
		统计数据
	行政许可和其他对外管理服务信息	行政许可的依据、条件、程序和办理结果
	处罚强制信息	行政强制的依据、条件和程序
		行政处罚的依据、条件、程序以及本机关认为具有一定社会影响的行政处罚决定
	行政事业性收费	目录发布
		依据和标准
	政府集中采购	目录标准
		实施情况
重点领域信息	财政信息	专栏设置
		财政预决算
		财政收支
		政府债务
	行政执法公示	平台建设
		事前公开
		事后公开
		反不正当竞争执法信息
	扩大有效投资	政策规划
		重大建设项目
	优化营商环境	减税降费
		收费目录清单
		惠企政策送达

续表

二级指标	三级指标	四级指标
重点领域信息	义务教育	教育概况
		招生管理
		学生管理
	疫情防控	专栏设置
		信息发布
		帮扶政策
	食品药品监管	生产经营监督检查
		食品安全抽检
		药品零售经营监督检查
		食品安全消费提示警示
	社会救助	救助政策
		救助标准
		申报指南
		救助情况
	稳岗就业	就业政策
		职业指导
		职业培训
		补贴信息
		就业服务
	养老服务	通用政策
		养老机构
		补贴发放情况
	涉农补贴	农业生产发展资金
		动物防疫等补助经费
	标准目录编制情况	试点领域
		新增领域
	文化和旅游（激励指标）	旅游领域
		公共文化服务领域

（二）依申请公开

二级指标	三级指标	四级指标
渠道畅通性	提交申请	互联网渠道
		信函渠道
答复规范性	互联网/信函渠道	答复时限
		形式规范性
		内容规范性

（三）政策解读

二级指标	三级指标	四级指标
	解读发布平台	栏目建设
		解读关联
	解读质量	重要政策解读
		解读时效
		实质性解读
	解读形式	多样化解读
		多角度解读
		政策咨询问答

（四）公众参与

二级指标	三级指标	四级指标
重大决策	重大行政决策	目录编制发布
		归集展示
	重大决策预公开	草案发布
		征集时限
		征集渠道
		结果反馈

续表

二级指标	三级指标	四级指标
重大会议	政府全体会议、常务会会议	会议内容
		会议解读
建议提案办理	办理结果	栏目建设
		结果公开
	总体情况	发布情况
		内容覆盖
互动交流	平台功能	功能设置
		功能可用性
	咨询建言	公开内容
		统计数据

（五）监督保障

二级指标	三级指标	四级指标
平台建设	渠道覆盖	渠道说明
		详细信息
	政府网站	建设管理
		站内检索
		适老化和无障碍改造
	政务新媒体	建设管理
		功能应用
	政府公报	可获取性
		数字化情况
机制建设	主动公开基本目录	发布更新
		内容规范性
	业务培训	培训计划
		开展情况

续表

二级指标	三级指标	四级指标
机制建设	政府信息公开工作年度报告	年报格式
		报告内容

参考文献

陈甦、田禾主编：《中国法治发展报告 No. 17 （2019）》，社会科学文献出版社 2019 年版。

陈甦、田禾主编：《中国法治发展报告 No. 18 （2020）》，社会科学文献出版社 2020 年版。

陈甦、田禾主编：《中国法治发展报告 No. 19 （2021）》，社会科学文献出版社 2021 年版。

后向东：《新时代政务公开：理念革新与体系重构》，《中国行政管理》2023 年第 2 期，第 22—28 页。

后向东：《政务公开中两个清单的编制与运用》，《行政管理改革》2018 年第 11 期，第 48—54 页。

黄泽萱：《监管逻辑视角下公共企事业单位信息公开的制度建构》，《法学》2021 年第 470 卷第 1 期，第 105—119 页。

《加强公共企事业单位信息公开　更好维护人民群众切身利益》，《中国建设报》2022 年 1 月 19 日第 1 版。

李刚、李旺、戚元华、周鸣乐著：《山东省政务公开发展水平研究报告（2018）》，中国社会科学出版社2019年版。

李刚、周鸣乐、戚元华著：《山东省政务公开发展水平研究（2021）》，中国社会科学出版社2022年版。

李刚、周鸣乐、戚元华著：《政府网站建设与绩效评估——以山东省为例》，中国社会科学出版社2019年版。

陆海波、孟鸿志：《公共企事业单位信息公开的路径选择——新型冠状病毒肺炎疫情引发的法律思考》，《河海大学学报（哲学社会科学版）》2020年第22卷第2期，第22—30、106页。

马海群：《高校信息公开制度与评价研究》，知识产权出版社2015年版。

莫纪宏、田禾主编：《中国法治发展报告No.20（2022）》，社会科学文献出版社2022年版。

莫纪宏、田禾主编：《中国法治发展报告No.21（2023）》，社会科学文献出版社2023年版。

戚元华、周鸣乐、李刚、李敏著：《山东省政务公开发展水平研究（2020）》，中国社会科学出版社2021年版。

钱焰青、彭传德：《论加强政府信息资源的管理》，《中国行政管理》2020年第2期，第6—7页。

田禾、吕艳滨：《中国政府透明度（2019）：义务教育透明度报告》，中国社会科学出版社2020年版。

田禾、吕艳滨主编：《中国政府透明度（2019）》，中国社会科学出版社2019年版。

田禾、吕艳滨主编：《中国政府透明度（2020）》，中国社会科学出版社2020年版。

田禾、吕艳滨主编：《中国政务公开发展报告（2021）》，中国社会科学出版社2022年版。

杨钦锋：《加快转变政务公开职能　有效提升政府公信力执行力》，《中国行政管理》2023年第1期，第10+7页。

中国社会科学院法学研究所法治指数创新工程项目组/中国社会科学院国家法治指数研究中心著：《中国政务公开第三方评估报告（2020）》，中国社会科学出版社2021年版。

周光华、武瑞仙、徐向东等：《医院信息公开内容及方式现状研究》，《中国医院》2023年第27卷第3期，第26—28页。

周鸣乐、戚元华、李刚、李敏著：《山东省政务公开发展水平研究报告（2019）》，社会科学文献出版社2020年版。

后　　记

　　2022年注定是不平凡的一年。这一年，党的二十大胜利召开，北京冬奥会成功举办，神舟十四号、神舟十五号发射圆满成功，我们在疫情反复、经济冲击、特大灾害中，众志成城、奋力坚守、精准防控、主动应变。当前，我国疫情防控面临新形势新任务，封控、解封、健康码、行程码、核酸成了每个人最深刻的记忆。2022年以来，山东省各级、各部门努力克服疫情影响，认真贯彻落实党中央、国务院和山东省委、省政府关于全面深化政务公开的决策部署，坚持人民至上，紧扣经济发展大局、维护社会和谐稳定、夯实工作基础以及各项任务落实，不断深化政务公开工作，持续高质量推进全省公共企事业单位信息公开工作，进一步提升政务公开的"含金量"，更好地发挥以公开促落实、促规范、促服务作用，全省政务公开工作制度化、标准化和信息化水平不断提升，为新时代社会主义现代化强省建设发挥了应有作用。

自 2015 年开始，齐鲁工业大学（山东省科学院）山东省计算中心（国家超级计算济南中心）政务公开评估工作组连续八年开展山东省政务公开第三方评估工作，同时，也是首次全面开展全省范围内公共企事业单位信息公开第三方评估工作。八年来，评估工作组始终秉承独立、专业和权威的理念，深入研究政务公开有关理论和方法，持续推进政务公开标准化建设，参与编写了首部政务公开国家标准《基层政务公开工作指南》（GB/T 42418—2023）和 10 部政务公开有关的山东省地方标准。2022 年，评估工作组首次开展全省公共企事业单位信息公开第三方评估工作，评估范围覆盖了教育、医疗卫生、供水、供电、供气、供热、公共交通等领域省、市、县三级公共企事业单位，并兼顾线上和线下公开渠道，系统、全面、综合地对各级公共企事业单位信息公开工作情况进行评估，极大地促进了全省公共企事业单位信息公开工作的推进。

2023 年是全面贯彻党的二十大精神的开局之年，也将迎来评估工作组开展全省政务公开第三方评估工作的第九年。推行政务公开是助力中国式现代化山东实践的重要一环，是践行人民至上理念的具体举措，同时也是加快建设法治政府的有效途径。评估工作组连续开展全省政务公开评估工作，旨在从第三方的角度，与各级行政机关共同做好这项工作，营造良好的公开氛围，真正让市场主体和广大群众从政务公开中受益。

本次推出的《山东省政务公开现状评估与发展对策（2022）》，全面评估、分析和总结了2022年山东省政务公开和公共企事业单位信息公开工作，从第三方的角度，对下一步政务公开和公共企事业单位信息公开工作的深化提出了建议，以期为此贡献一份微薄的力量。在此，也向所有参与、关心和支持本书出版的领导、同事以及社会各界朋友致以诚挚的感谢！同时，也衷心欢迎社会各界朋友和同人对本书提出宝贵的意见和建议，共同学习，共同进步。我们将不断提升自身专业水平，坚持"独立、权威、公正"理念，继续做好政务公开和公共企事业单位信息公开的评估和研究工作，衷心感谢各界朋友对我们工作的关心和支持。

作　者
2023年6月